プレスリリースを活用して

広告費ゼロ！勝手に売れていく必勝方程式

商品出世PRプロデューサー®

中島史朗

同友館

目次

第二章　取り上げられるプレスリリースはこう書く

第三章　プレスリリースは書いてからが勝負

目　次

第四章　マスコミに出てからが本当の勝負
――何度でもマスコミに取り上げられ、売れ続ける方法

序文　プレスリリースは「アート」、企業の鏡

1979年7月、神戸製鋼在籍時、カタールから帰国、いきなり広報係長として初めてプレスリリースを作成して以来、多種多様なプレスリリースに数多く接してきました。そこで見た多くのものは、「当然記載すべき項目」の欠落が多く、わかりにくく実に不親切で記者に迷惑をかけている。逆に冗漫すぎて何を伝えたいかわからない。その結果気づいたことは、「そのような公式文書たるリリースを承認する上司や経営陣もその不親切さに気付かないことこそが問題！　これではプレゼン資料から面談までお客様に不適切な対応をしていると同じことです。そんなことでは長期的な会社の繁栄は望めないのではないか？」と心配になったくらいです。

こうして、プレスリリースを見れば企業の本質が見えるという確信に至ったのです。

プレスリリースで露呈する企業の本質10か条

文章作成に際し私が最も大事にしている要諦を3人の先人から学んでいます。まず、ショーペンハウエルの「文体は精神のもつ顔つきである、多量の思想を少量の言葉に収めよ」という言葉です。伝えたい多くのことをできるだけ短い言葉で的確に表し、一字でも削ります。不要な文字を記者に読ませない心がけが大切です。そして「最も心すべきは、自分に備わっている

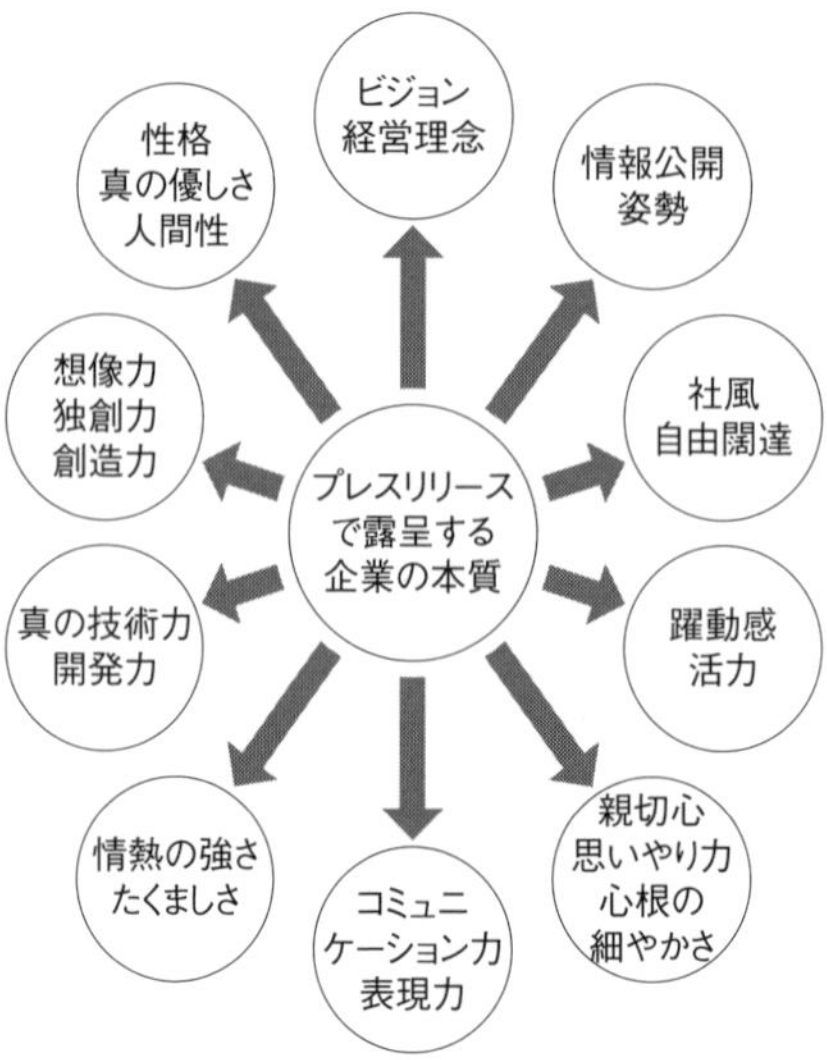

以上の精神を示そうとして見えすいた努力をしない」つまり誇大表現を避ける。「文体は美しさを思想から得る。思想を文体によって美しく飾ろうとしてはならない。文体とは所詮、思想の影絵に過ぎない」（『読書について』）からです。

次に谷崎潤一郎の「一つの場所に当てはまる最も適した言葉はただ、一つしかない」（『文章讀本』）により多彩な言葉を探し出し、深く吟味してぴったりの表現を心がけています。

三つ目は三島由紀夫の「私は、文章の最高の目標を格調と気品に置いています。例えば、正確な文章でなくても、格調と気品がある文章を私は尊敬します」（『文章読本』）という豊潤な箴言です。

リモート時代においては、記者との接触機会を増やす努力をする一方、①本質把握力②文章表現力③意思疎通力をいっそう高めなければ伝わりません。広報担当者は、社長の代弁者であり、国で言えば官房長官の役割です。会社の繁栄を促す将来を託された第一級の人材としての自負心と使命感を抱いて業務を遂行しましょう。

広報は、躍動する経営の重要な一環として、スパイラル的に永続循環させる活動にすべきです。広報の結果、有名になりイメージが上がれば、社員は喜び、誇らしい。至る所で話題になり自信も芽生える。良い商品を造り、喜ばれるサービスを提供したくなる。それによって顧客や取引先も喜び、誇りを抱く。顧客が増え、売上が上がる。さらに会社が躍動すればするほど、リリースネタが創り出され、記事が増える。それに従って、ますます会社は成長発展する。…このスパイラルこそが永続企業としての条件なのです。

「リリースは記者へのラブレター」といいますが、本当に伝えたい人は、その先のお客様です。片思いのお客様に伝えるには、仲人である記者に、魂、ハート、情熱を込めないと記者の心は動かせません。「リリースは感動を呼び起こすアートであり、企業の鏡」なのです。記事＝「記者と広報の共創の作品（アート）」を創るため、全身全霊を込めて汲めども尽きぬ無限の「情熱費」を投入しましょう。プレスリリースは情報というもう一つの〝商品〟なのです。

広報ＰＲ・危機対応コンサルタント　山見博康

はじめに

初めまして。「世間善し　買い手良し　メディア好し　売り手佳し」の『四方よし』を実現する商品出世PRプロデューサーの中島史朗と申します。

この本を手に取ったあなた、「商品には自信があるが、売れない。一度使ってもらえば良さがわかると思うが、知名度がなく手に取ってもらえない。広告したいがそんなお金はない。どうすればいいいんだ？」と悩んでおられることと思います。そんなあなたに、「広告費ゼロで、プレスリリースというマスコミ向けのビジネスレターやYOUTUBE、LINE公式アカウントなどを活用し、勝手に売れていく必勝方程式」を具体的にきめ細かくお伝えします。

「テレビや新聞が取材に来てくれないかなあ、でもどうすればいいのかわからない、広告費もマスコミ人脈もない、経験も全くない」そんなあなたの気持ちはとても良くわかります。後で詳しく書きますが、八年前の私もそうでした。長年広告代理店に勤め、マスコミの知識はありましたが人脈はなく、プレスリリースも書いたことがありませんでした。神戸の食品会社「合食」に転職してすぐ社長から広報をやるように言われたとき、実は不安でいっぱいでした。

その上、このコロナです。「年に一回の展示会で新規開拓していたのに中止になってしまった。新規客のアポを取ろうにも『コロナ』を理由にして会ってくれない」と、新規顧客の開拓ができずお困りの方も多くおられると思います。

私は、そんな会社にこそ、無名の中小企業でもお金をかけずにマスコミに取り上げられ、広告費に換算して数百万円から数億円の広告効果を挙げ、顧客の方から問合せや発注が来て売上が上がる「プレスリリース」という手法をぜひ身につけていただきたいと考えています。


残念ながら世の中には、「世間的には無名の中小企業が、ゼロからどうやってマスコミに取り上げられ、売上が上がるようになるのか」について、具体的・実践的に教えてくれる本はあまりありません。

今、本屋さんに並んでいる広報ＰＲの本は、①大企業や面白いネタを持っている企業の広報の方が書いた華やかな成功体験に基づく本、②新聞社やテレビ局、雑誌社などプレスリリースを受け取るマスコミ出身の方が書いた広報ＰＲの秘訣本、③ＰＲ会社の方が書いた世間で話題になった成功事例に基づく本、④大学の先生や広告代理店のマーケティング・ＰＲ出身者が書いた広報ＰＲの理論的教科書、の４種類です。
①の本は、素人広報が基本的な知識を学ぶのにはとても役に立ちますが、具体的に実践しようとすると参考にならないところも少なくありません。大企業・有名企業は放っておいてもマスコミの方から来てくれるので、苦労してメディアにアプローチする必要がないからです。

②の本は、とても参考になります。それぞれのメディアに対してどんなプレスリリースを書き、どんなアプローチをすればよいのか、裏の情報を教えてくれます。ただ、どうしても出身メディアの情報に偏ってしまう傾向がありますので、一冊で全メディアを網羅することはなかなかできません。

③の本はあまり参考になりません。なぜなら、ＰＲ会社は既に自社のメディアリストを持っているので、ゼロからメディアを新規開拓する必要はあまりないからです。

④の本も、中小企業が今日からプレスリリースを実践するためには、ほとんど役に立ちません。

「合食」に転職し広報ＰＲの担当になった時、大変困りました。実務経験も、ノウハウも、マスコミの人脈も、広告予算も、あまりなかったからです。

そこからが大変でした。当時は②のようなマスコミ出身の方が書いた広報ＰＲの秘訣本もなく、インターネットで調べても中小企業にとっては割高な料金を取るＰＲ会社の情報ばかりでしたので、途方に暮れました。

そのとき、唯一参考にさせていただいた本が、山見博康先生の『小さな会社の広報・ＰＲの仕事ができる本』でした。この本を書店で見つけたとき、まさに「地獄で仏」「砂漠でオアシス」

に出会えたような感激を覚えました。私はこの本でプレスリリースの書き方をゼロから学びました。今でもこの本の内容をアップデートした「新版広報・PRの基本」は、広報初心者必携の教科書になっています。

そして、見よう見まねでプレスリリースを書くところから始め、恐る恐る新聞社やテレビ局、雑誌社に電話しても話を聞いてもらえず、やむなくアポ無し突撃訪問してもなかなか会ってもらえず、しつこく食らいついては「記事は広告じゃない、取り上げてほしいなら広告出せば?」と記者から認められない日々が続きました。A新聞からは一時出入り禁止になったほどです。日々現場で実践、失敗、また実践を繰り返しました。今思えば、この時現場で体で覚えたことが全部自分の血となり肉となったと実感しています。

ようやくB新聞から取材依頼電話がかかってきた時の喜びは、決して忘れることができません。思えば、今でもこの瞬間=自分が世の中の役に立つと確信している商品をマスコミの方にわかっていただけたときの喜びのために、この仕事をやっているんだなあ、とつくづく思います。

その後少しずつノウハウを覚え、いつのまにかテレビ・新聞・雑誌・ネットなど、4年間で81件のマスコミ露出を獲得することができました。

その喜びが昂じて、他にもたくさん世に出られず埋もれている良い商品がある!そんな商品を一つでも多く世に出したい、そして消費者の役に立ちたい、きっと日本中で私の力がお役に立てる商品が私を待っていると信じ、二〇一七年、思い切ってサラリーマンを辞め独立起業したのです。

広報コンサルティングの業務を求めてある転職サイトに応募して面接していただいたとき、「いいことをたくさんしているのにPRしないのはもったいない」と素直に提案しました。それがきっかけで、兵庫県加古川市の介護事業者「日の出医療福祉グループ」の広報をお手伝いすることになりました。その結果、テレビ・新聞・雑誌・ネットなど3年で74件（2021年9月現在）マスコミに露出されるという成果を得ました。NHK全国放送やヤフーニュースにも掲載され社内外で大きな反響をいただきました。そこで私はこう確信したのです。

世間では無名の中小企業でも、素人がすべてゼロから始めても、必ずマスコミに取り上げられる

コロナで多くの中小企業の皆さんが苦しんでいる今こそ、「無名の中小企業の素人広報担当がゼロから始め、失敗を繰り返しながら身につけたノウハウ」を皆さんにもぜひお伝えしたいと熱望しています。

私は皆さんの持つ、世のため人のためになる良い商品・サービスを広く普及させることを使命としています。「世間善し・買い手良し・メディア好し・売り手佳し」の『四方良し』の世の中の実現に向け、少しでもお役に立てれば幸いです。

「四方よし」の商品出世ＰＲプロデューサー
中島ＰＲ代表　中島史朗
（山見インテグレーター株式会社　神戸支社長）

第一章

会えない時代にマスコミに取り上げられ売上が上がる秘訣とは

1 マスコミに必ず取り上げられる必勝方程式とは

1．「プレスリリース」って何？

「プレスリリース」という言葉をお聞きになったことはあるでしょうが、実際に現物をご覧になったり、ご自分で作成された方はまだまだ少ないと思います。そこで、念のため、現物をご覧いただきながら、簡単にご説明しておきたいと思います。

日の出医療福祉グループ

報道関係者各位

2021年3月19日
日の出医療福祉グループ　https://hinode.or.jp

全国でも注目度の高い
「ワンストップで選べる介護」実現、8事業による地域密着型複合施設
兵庫県の日の出医療福祉グループが、埼玉県に本格的に進出

ゆとり庵北越谷建物外観写真

日の出医療福祉グループ（兵庫県加古川市、代表理事：大西壯司）は、3月1日、埼玉県越谷市に、地域密着型複合施設「ゆとり庵北越谷」をオープンしました。

全国でも数少ないと思われる点は、ここに在宅介護に関わる8事業所を集結させ、互いに連携しながら、入口から出口（在宅復帰）まですべてのサービスを一か所で提供するところです。

利用者様は自分に合うサービスを受けることができます。看護師が24時間365日常駐しているため、医療ニーズの高い方の受け入れも可能です。

日の出医療福祉グループにとって、昨年4月の「Hinodeナーシングヴィラ大宮」に続き、埼玉県で2件目の開設となります。兵庫県で培った在宅介護のノウハウを活用し、ご利用者様が選ぶことのできるサービスを、地域に根ざして提供し続け、埼玉地域の皆様に貢献していきたいと考えています。

施設概要

名称：　ゆとり庵北越谷　地域密着複合施設（4階建て）

事業所：　看護小規模多機能型居宅介護、小規模多機能型居宅介護、サービス付き高齢者向け住宅、グループホーム、訪問看護ステーション、居宅介護支援事業、訪問介護、定期巡回・随時対応型訪問介護看護の8事業所

住所：　〒343-0035　埼玉県越谷市大字大道643番地

アクセス：　①東武鉄道伊勢崎線「大袋」駅から徒歩20分
②せんげん台駅より朝日バス「大袋分署前 行」もしくは「大袋駅 行」乗車10分
「大道自治会館入口」下車　徒歩1分

TEL：　048-967-5560　FAX：　048-967-5660

本プレスリリースについてのお問い合わせ先

日の出医療福祉グループ
広報担当：中島 史朗（なかしましろう）
Mobile phone：080-4779-7682
Mail：nakashima.sr@hinode.or.jp
Tel：079-441-8423　Fax：079-441-8523

〒675-0101 兵庫県加古川市平岡町新在家2333-2
代表者：代表理事　大西壯司
設立：　2016年7月
会員法人：　社会福祉法人 日の出福祉会、医療法人社団奉志会、社会福祉法人 博愛福祉会
サービス：　介護、保育、医療、障がい福祉
事業所数：　158カ所　職員数：約2900人（2021年3月現在）

私たちは三方良しの考え「お客様のよろこび 社員のよろこび 地域のよろこび」の精神のもと「よろこびに繋がることはどんどんやっていく」という姿勢で日々仕事をしています。

日の出医療福祉グループ　https://hinode.or.jp

上記は、最近私が作成し、C新聞に取り上げられた「日の出医療福祉グループ」という介護事業者のプレスリリースです。

厳格なルールがあるわけではありませんが、プレスリリースの多くは、このような体裁となっています。

A4の1枚物（内容次第で2～3枚になることも）で横書き、上部に

は宛先・日付・発信者、その下にタイトル（見出し）・写真・本文、一番下には問合せ窓口・会社概要が記載されています。この本文のところに新製品・新サービスやイベント・キャンペーンの情報を記載し、マスコミに送ります。

多くの無名の中小企業は、良い商品を作っていてもなかなか売れていきません。そもそも世の中にそんな商品があることが知られていないのですから当然です。その商品を必要としている方が知れば飛びつくのは間違いないと思いますが、知らせる方法がありません。お金があればテレビや新聞、雑誌やインターネット、チラシを使って広告すればいいのですが、無名の中小企業にはそんなお金はないのです。

そんなときにおすすめなのが、このプレスリリースという手法です。ネタさえ良ければ、お金をかけずにマスコミに取り上げてもらえます。ただし、プレスリリースを送るには、プレスリリースを作る情熱費と努力費に加えて、郵便切手代やＦＡＸ代、紙代、マスコミに持参する場合はマスコミまでの交通費がかかりますので、厳密にいえば０円ではありませんが…。

マスコミに広告を出すのにどのくらいの費用が必要かご存じでしょうか？　テレビで15秒のコマーシャルを視聴率の良いゴールデンタイムに全国で1回だけ放送するのに、約２００万円かかります。1回では広告効果は出ませんので、本当に効果を出そうと思うと全国で最低３億円程度必要です。全国で約５００万部発行している朝日新聞の一番小さいスペース（ヨコ１・５㎝×タテ４㎝）に全国版で１回広告を掲載するのには25万円かかります。もちろんそれでは広告効果は期待できませんので、本当に効果を出すために全ページ広告をすると一回で約４０００万円必要です。比較的よく使用される「半５段」というスペースでも約８３０万円必要です。とても中小企業に出せる金額ではありません。

ところが、プレスリリースを送ってマスコミに出れば、テレビで数億円・新聞で数千万円出して広告したのと同じくらいか、報道連鎖が起きればそれ以上の効果が出ます。一気に知名度が上がり、お客様の方から問合せや発注が入り、売上が爆発的に上がることも夢ではありません。世間にはマスコミに紹介されて一躍大ブームになった商品は少なくありません（「タピオカミルクティー」、「鬼滅の刃」など）。

インスタグラムやツイッター、ＬＩＮＥなどＳＮＳ全盛の時代となり、新聞読者・テレビ視聴者が激減し、これらオールドメディアの影響力は大幅に低下したと言われています。ところが実際に大ブームになった事例を見ると、確かにキッカケはＳＮＳですが、老若男女を問わないブームの爆発的拡散にはテレビや新聞などオールドメディアの力が大きく寄与しています。「鬼滅の刃」を家族三世代で見に行くという現象は、オールドメディアの力なしには考えられません。今でもその力はまだまだ侮れないのです。

プレスリリースは数多く発信することによって多数のオールドメディアに取り上げられ、無名の中小企業にとって大きな武器になるのです。

プレスリリースの効果は、主なものだけでも以下のようなものがあります。

①　知名度向上と売上拡大
②　新規客獲得
③　既存客購入頻度・金額拡大
④　価格交渉力向上
⑤　金融機関からの融資獲得・拡大
⑥　優秀な人材の獲得
⑦　自社内のモチベーションアップ
⑧　アライアンス機会の拡大
⑨　取引先からの社会的評価向上
⑩　広告宣伝費の削減

お金をかけずにこの効果が得られるわけですから、中小企業はぜひやるべきです。ほぼノーリスク・ハイリターンです。

2. マスコミに確実に取り上げられる必勝方程式①「3つのW」とは？

マスコミに取り上げられるのはむずかしくありません。プレスリリースを送っても反応がないのは、次に掲げる必勝方程式①「3つのW」のどれかが欠けているからです。取り上げられない理由がどこかに必ずあります。必勝方程式①を守って工夫をしていけば比較的苦労もなく露出されます。タイミングによってはあっけないくらいです。ですから、取り上げられない理由を見つけて改善していけば、誰でも必ず露出されるようになります。私も日々改善して、取り上げられるようになりました。

必勝方程式①「3つのW」

① 歓迎されるネタを（WHAT）
② 歓迎してくれる人に（WHO）
③ 歓迎されるときに（WHEN）
提供することです。

(1) 歓迎されるネタ（WHAT）

もちろん「小ネタ」でもマスコミに歓迎されるネタでなければいけません。

単に「新商品を発売します」「割引セールします」と言われても、「それで?」と言われて話がそこで終わってしまいます。

この後も折に触れてしつこく強調しますが、元ネタにニュース価値が無ければいくらきれいにお化粧して着飾っても、マスコミには取り上げられません。マスコミの目は節穴ではありません。どんなに美辞麗句を連ねてもネタの良し悪しはすぐに見抜かれてしまいます。

では、どんなネタが掲載されるのでしょうか? それは後ほど詳しくご説明しますが、具体的な例を掲げておきます。

緊急事態宣言第二弾に負けない、飲食店の新しいカタチ
大阪の居酒屋、オンライン料理番組を、東京と熊本からテレワークで配信
～多くの方に美味しい幸せと、離れていても人と繋がれる喜びを届けたい～

これは、大阪・天王寺の「居酒屋鮮道こんび」のプレスリリースのタイトル（見出し）です。私がお手伝いして毎日新聞に掲載され、ヤフーニュースに転載、読売テレビにも取材されました。

当時、緊急事態宣言で飲食店は時短営業を余儀なくされ、廃業が相次ぎ、大きな社会問題になっていました。このような社会的課題に対してマスコミは敏感です。「居酒屋鮮道こんび」さんにとっては初めてのプレスリリースでしたが、意外に早くマスコミ掲載が実現しました。

毎日新聞東京版　2021年２月２日付　朝刊

遠い店もおいしく応援

「オンライン居酒屋」人気じわり

新型コロナウイルスによる緊急事態宣言が延長されて苦境に陥っている飲食店が開く「オンライン居酒屋」がじわじわと人気を集めている。自宅で居酒屋気分を味わえるように酒と料理をセットにして届けて、店主らと画面越しにコミュニケーションをとるスタイルだ。オンラインだからこそ遠くにある店の料理も味わえると、東京に暮らす会社員らが大阪の居酒屋を応援する動きもある。

大阪市天王寺区にある「居酒屋鮮道こんび」は「番組やおいしい料理を通じて緊急事態宣言が続く首都圏に住む人たちにも笑顔になってもらいたい」と23日にイベントを開催する。新鮮な魚介類を使った料理を手ごろな価格で味わえて、有名店での経験がある料理長がオープンして10年の人気店だが、大阪でも再度の緊急事態宣言が出て時短営業せざるを得なくなった。

23日は午後８時から番組をウェブ会議システム「Ｚｏｏｍ（ズーム）」と動画投稿サイト「ユーチューブ」で配信する。開催は今回４回目で、同店のおかみの知り合いの東京に住む会社員らが参加して応援している。リモートで司会や運営を行うのも東京に住む広報担当の従業員らだ。

21日午後３時までに電話(06・6770・5305)かホームページ(https://combi.theshop.jp)で申し込めば、茶わん蒸しキットとアマダイ、アサリの棒ずしが送られる。番組を見ながら料理長から作り方の説明を受け、茶わん蒸しは出来立てを味わえるよう自宅で蒸して完成させる。プロドラマーによる演奏も。料理は２人前で、店が厳選した日本酒300㍉㍑付きで5950円（日本酒なしは4700円)。送料込み。【町野幸】

「居酒屋鮮道こんび」の「オンライン居酒屋」の画面＝同店提供

歓迎されるネタであればマスコミにも喜ばれるという好例です。

(2)　歓迎してくれる人（ＷＨＯ）

どんなメディアに出たいかお聞きすると、ほとんどの方は「何でもいいからテレビに出たい」「新聞に出たい」「ヤフーニュースに出たい」とおっしゃいます。全くターゲットメディアが絞れていません。そして「どこかに引っ掛かれば儲けもの」とばかりに、プレスリリースの無差別絨毯爆撃を決行します。マスコミに最も嫌われるパターンです。その上で電話1本も何のフォローもせず、ひたすら僥倖《ぎょうこう》を待ち続けます。数日経つと、一回送っただけでその後何の努力もしなかったのにも関わらず、「全然出ない。やっぱりプレスリリースなんてやってもムダなんだ」とすぐに諦めてしまいます。

どこに獲物がいるのか下調べもせず、狙いも定めないまま、一回だけやみくもに弾を撃ち、「全然獲物に当たらない」と愚痴っている猟師のようなものです。

これでは取り上げられるわけがありません。

まずあなたのネタを歓迎してくれる人を見つけましょう。あなたのネタを歓迎してくれる人はどこの誰でしょうか？　テレビですか？　新聞ですか？　ネットニュースですか？　「あさイチ」ですか？　「ヒルナンデス」ですか？　「ワールドビジネスサテライト」ですか？　どの番組のどのコーナーがあなたのネタに興味を持ちそうですか？　新聞は読売ですか？　日経ですか？　経済面？　社会面？　雑誌はどうですか？　週刊東洋経済？　日経ＴＲＥＮＤＹ？　ａｎａｎ？　クロワッサン？　日経ＷＯＭＡＮ？

媒体を想定したら、あとは誰があなたのネタを歓迎してくれるのか探し出しましょう。新聞なら大きな図書館にある新聞記事データベースであなたの業界や商品のキーワードで検索し、関連記事を抽出しましょう。記事の最後に記載されている記者名があなたのターゲットです。テレビならディレクター、雑誌なら編集長がターゲットです。詳しい話は第3章（202ページ）でお伝えします。

ラブレターと同じで、誰にでもばらまいていると、受け取る方は「この手紙、本当に私に向けて書いたラブレターなのですか？　誰にでも同じ文章を送っているのではないのですか？　私のことを少しでも真剣に考えて書いているのですか？ 本当に私と付き合ってほしいと思っているのですか？」と怒り出します。そんな人のデートの誘いに乗ってくれるわけがありません。

あなたのネタを歓迎してくれそうな人だけに送りましょう。

先程の大阪の居酒屋さんの場合は、スタッフが図書館で新聞記事を検索し、飲食店の緊急事態関連記事を抽出して署名記事を書いている記者を探り当て、熱い気持ちを込めたお手紙をお送りして取材が決まりました。

記者にしてみれば、自分が関心を持って探しているネタを、ネタ元の方から持ってきてくれるわけですから、こんなにありがたいことはありません。苦労してネタを探し回る手間が一気に省けるからです。記者にとってあなたはありがたいネタ元さまさまです。今後あなたがまた良いネタを持っていけばきっと歓迎してくれるでしょう。

(3) 歓迎されるときに（WHEN）

あなたのネタを歓迎してくれる人がわかったら、そのネタを歓迎してくれるタイミングを見計らって送りましょう。

記者は多忙です。毎日〆切に追われています。マスコミはニュースを伝えるメディアです。

そのとき最も旬な話題を追いかけています。

コロナ関連の取材で忙しいときはあなたのネタを取材する時間が物理的に取れません。コロナなど旬の話題に関連したネタであれば忙しくても取材に来てくれる可能性があります。

タイミングが大事です。マスコミにはネタ枯れの時期、ヒマなときもあります。タイミングが合えば「特ダネ」でなくても「小ネタ」でも、歓迎されるネタであれば、マスコミに露出されます。たとえば、ＧＷやお盆休みなど記者が交代で休む時期は狙い目です。記者の人数が減りネタが足りなくなるので、「小ネタ」でも掲載されやすくなります。

その一方、大事件や大災害、オリンピックや大きな選挙などビッグイベントのとき、ほかの小さなニュースはほとんど吹っ飛びます。そのときにプレスリリースを出しても取り上げられません。大事件や大災害は予測できませんが、オリンピックや選挙などのビッグイベントは事前に日程がわかります。最初からその時期は避けておきましょう。

タイミングを見計らってプレスリリースを出してください。そうすればあなたのネタが取り上げられる確率は間違いなく上がります。

先程の大阪の居酒屋さんの場合、お店は緊急事態宣言発出の前に、完成していたプレスリリースの原稿を配信しようとしていましたが、私は待ったをかけました。

なぜなら緊急事態宣言が出た後にした方がいいととっさに判断したからです。宣言が出れば間違いなく記者は飲食店の対応を取材に行きます。そのタイミングでプレスリリースを配信すれば、待ってましたとばかりに記者に歓迎されます。それを狙うべきだと思ったのです。歓迎されるときに歓迎されるネタを提供する、そうすればきっと取り上げてくれる、その確信がありました。

3. マスコミに取り上げられる3つのプロセス

必勝方程式② マスコミに取り上げられる3つのプロセス

(1) マスコミに歓迎されるネタを発掘する・創る
(2) マスコミに歓迎される書き方で、ネタをプレスリリースに書く
(3) ネタを歓迎してくれるメディア・記者に、歓迎されるときに送る

詳しくは後で解説しますが、少しだけポイントをお伝えします。

(1) マスコミに歓迎されるネタを発掘する・創る

「ネタを発掘する」とは、自分の持っているネタ（新商品や新サービス、イベントやキャン

ペーンなど）の中から、マスコミが歓迎してくれるネタを見つけ出すことです。

「ネタを創る」とは、マスコミが歓迎してくれるネタをゼロから開発することです。と言っても、「ヤラセで事実でないことをでっちあげる」わけではありません。そんなことをすれば、すぐに記者の信用を失い、二度と相手にされなくなります。

「発掘する」「創る」プロセスは決定的に重要です。先程も警告した通り、そもそもマスコミが歓迎してくれるネタでなければ、決して取り上げられることはありません。単なる売り込みのＤＭを撒き散らしていませんか？　それを続けている限り、あなたのネタがマスコミに露出される日は永遠にやってこないでしょう。

(2)　マスコミに歓迎される書き方で、ネタをプレスリリースに書く

あなたのネタのニュース価値が、見やすく読みやすくわかりやすく伝わるように、書きましょう。そのために「プレスリリースの雛形（テンプレート）」をご用意しています。基本的には雛形通りに書けばネタのニュース価値は伝わります。

その上で、特にタイトルの付け方、写真など、ビジュアルの使い方にはこだわってください。いくらニュース価値があるネタでも、マスコミが歓迎してくれるタイトルでなければ、見逃されてしまうこともあります。記者は多忙です。タイトルは思わず読んでみたくなる必要があり

ます。「あおり」や「！」は不要（むしろ逆効果）ですが、強い事実を簡潔明瞭かつ印象的に表現しなければいけません。

歓迎したくなる理由が明記されていることも必須です。単なる自社の儲けのための押し売りプレスリリースでは即ゴミ箱行きです。記者に「このネタは世の中に伝えたい」と思わせる理由がなければ取り上げられることはありません。

もちろん、プレスリリースに厳格なルールはありませんので、自由に書いていただいても構いません。ただ、マスコミが見慣れた雛形通りに書いた方が、ゴミ箱直行の危険性を大幅に減らせます。

以前、D新聞の記者と食事したとき、「最近のプレスリリースは日本語の文章が『なってない』ものが多い。その点、中島さんのプレスリリースは読みやすい」とお褒めの言葉をいただいたことがありました。

雛形通り、『見やすく読みやすく分かりやすく』を心掛けて書いてきて良かったと安堵しました。

(3) ネタを歓迎してくれるメディア・記者に、歓迎されるときに送る

作成したプレスリリースをマスコミに送ります。綿密に計画しなければいけません。まずあなたのネタを歓迎してくれるメディア・記者を見つけ出し、ピンポイント爆撃でプレスリリー

スを配信します。その命中確率を高めるため、あなたのネタが旬になる時期を見極め、できればば「ネタ枯れ」の時期を狙って配信しましょう。

2 マスコミに歓迎されるネタ・7つの条件

必勝方程式③　マスコミに歓迎されるネタ・7つの条件

① Surprise（**意外性・希少性・独自性**）
② News（**時流性・季節性**）
③ Social（**社会性・公共性**）

特にこの3つが重要です。「SNS」と覚えてください（ただの語呂合わせです）。
この3つのどれかに次の条件が加わると鬼に金棒です。それは、

④ **Drama（ドラマ性・人間性）です。**

残り3つの条件は、マスコミに掲載される近道です。「KLM」と覚えてください（ただの語呂合わせです）。

⑤ Known（著名性）
⑥ Local（地域性）
⑦ Merit（実利性）

7つの条件のうちどれか1つ、できれば2つ以上あてはまれば、マスコミに取り上げられる可能性があります。どれにもあてはまらなければ取り上げられません。

1．マスコミに出るネタ・出ないネタ

これからこの7つの条件を詳しく解説していきます。まずこの7つの条件を体感的に理解していただくため、次の**9つの問題**に挑戦しネタとタイトルの書き方を学んでください。

〈問題〉次頁からは私が作成した（関係した）プレスリリースのタイトル（見出し）です（※一部変更）。このタイトルが表すネタは実際にマスコミに出たでしょうか？　それとも出なかったでしょうか？　そう判断した理由とともにお答えください。

〈問題Ⓐ〉

プレスリリース

2021 年○月×日

報道関係者各位

株式会社××××

https://www.abcdefgh.jp

全国でも珍しい、女性に特化したおつまみシリーズ

低カロリー・少量・女性向けデザインで、新発売

写真	写真	写真

株式会社○○（△△市●●区、代表××○○）は、×月△日、wwwwwwwwww
します。wwwwwwwwwwwwwwwwwwwwwwwwwwwwwwwwwwwwwwwwwwwwwwwwwwwwww
wwwwwwwwwwwwwwwwwwwwwwwwwwwwwwwwwwwwwwwwwwwwwwwwwwwwwwwwwwwwww
wwwwwwwwwwwwwwwwwwwwwwwwwwwwwwwwwwwwwwwwwwwwwwwwwwwwwwwwwwwwww
wwwwwwwwwwwwwwwwwwwwwwwwwwwwwwwwwwwwwwwwwwwwwwwwwwwwwwwwwwwwwww
wwwwwwwwwwwwwwwwwwwwwwwwwwwwwwwwwwwwwwwwwwwwwwwwwwwwwwwwwwwwww
wwwwwwwwwwwwwwwwwwwwwwwwwwwwwwwwwwwwwwwwwwwwwwwwwwwwwwwwwwwwww
wwwwwwwwwwwwwwwwwwwwwwwwwwwwwwwwwwwwwwwwwwwwwwwwwwwwwwwwwwwwww
wwwwwwwwwwwwwwwwwwwwwwwwwwwwwwwwwwwwwwwwwwwwwwwwwwwwwwwwwwwwwww
wwwwwwwwwwwwwwwwwwwwwwwwwwwwwwwwwwwwwwwwwwwwwwwwwwwwwwwwwwwwww
wwwwwwwwwwwwwwwwwwwwwwwwwwwwwwwwwwwwwwwwwwwwwwwwwwwwwwwwwwwwww
wwwwwwwwwwwwwwwwwwwwwwwwwwwwwwwwwwwwwwwwwwwwwwwwwwwwwwwwwwwwww
wwwwwwwwwwwwwwwwwwwwwwwwwwwwwwwwwwwwwwwwwwwwwwwwwwwwwwwwwwwwwww
wwwwwwwwwwwwwwwwwwwwwwwwwwwwwwwwwwwwwwwwwwwwwwwwwwwwwwwwwwwwww
wwwwwwwwwwwwwwwwwwwwwwwwwwwwwwwwwwwwwwwwwwwwwwwwwwwwwwwwwwwwww

問合せ先
MOBILE:000-0000-0000
MAIL : abcdefgh@ijkl.jp
TEL : 999-999-9999

会社（組織団体）概要
wwwwwwwwwwwwwwwwwwwwwwwwwwwwwwww
wwwwwwwwwwwwwwwwwwwwwwwwwwwwwwww
wwwwwwwwwwwwwwwwwwwwwwwwwwwwwwww

読売新聞兵庫版　2014年４月16日付　朝刊

女性も手軽に一口珍味

神戸市兵庫区の珍味メーカー「合食」が4月から、若い女性向けのおつまみ「ｔａｂｅ　ｔｅ　ｂｉｍｉ（食べて美味）」シリーズを販売している。一口サイズにカットしたスルメやチーズと、パステル色のパッケージが女性客にも好評だ。開発担当者は「男性が中心だった珍味市場のターゲットを女性にも広げたい」と意気込む。

（神戸総局　藤基泰寛）

「女性層を開拓する足がかりにしたい」と意気込む鎌谷さん（神戸市兵庫区で）

神戸・合食

1948年創業の合食は、珍味製品の開発のほか、水産事業や物流事業なども手がけている。近年は、若者の酒離れなどで売り上げが伸び悩んでいたため、購買層を女性にも広げることを試みた。

市場調査のため、昨年11、12月に10～30歳代の女性約250人を対象にアンケートを実施したところ、「実は珍味が大好き」という声が半数以上を占めた。だが、一方で「周りの目が気になって珍味売り場に立ち寄りにくい」、「サイズが大きくて食べにくい」などの意見もあったという。

包装、カロリーにも配慮

週刊経済

アンケート結果や女性社員の意見を取り入れて、「ｔａｂｅ　ｔｅ　ｂｉｍｉ」シリーズ7種類を開発。低カロリーのワカメ、カルシウムが豊富なイワシ、チーズなどを原料に選び、少量包装で健康志向をアピールした。

アルミ包装のデザインにもこだわり、女性がティータイムにおつまみを食べているイラストや、「いつでも手軽に」のキャッチフレーズを印刷した。

開発に携わったおつまみ事業部部長代理・鎌谷昇一さん(49)は「私たち男性の感覚では、もっとインパクトのあるデザインがいいんじゃないかとも思ったが、女性社員の意見を尊重した」と振り返る。

全国のスーパーなどで発売。今後は、コンビニエンスストアの店頭にも並ぶ予定だ。

鎌谷さんは「珍味がおしゃれなアイテムとして広がるきっかけになれば。お酒を飲むときだけでなく、職場や外出先でのおやつとしても選んでほしい」と話している。

読売新聞は地域経済を応援します

〈解答Ⓐ〉

掲載されました。「合食」の事例です。最大の理由は①の Surprise（意外性・希少性）です。「おつまみと女性」という意外な組み合わせです。まだ「おつまみ＝中高年男性」というイメージが強いので、プレスリリースしたとたん報道連鎖が起こり、新聞５紙に結構大きく掲載されました。多くの女子高生が「あたりめが好き」と答えているという調査結果が記者の関心を呼んだようです。

〈問題Ⓑ〉

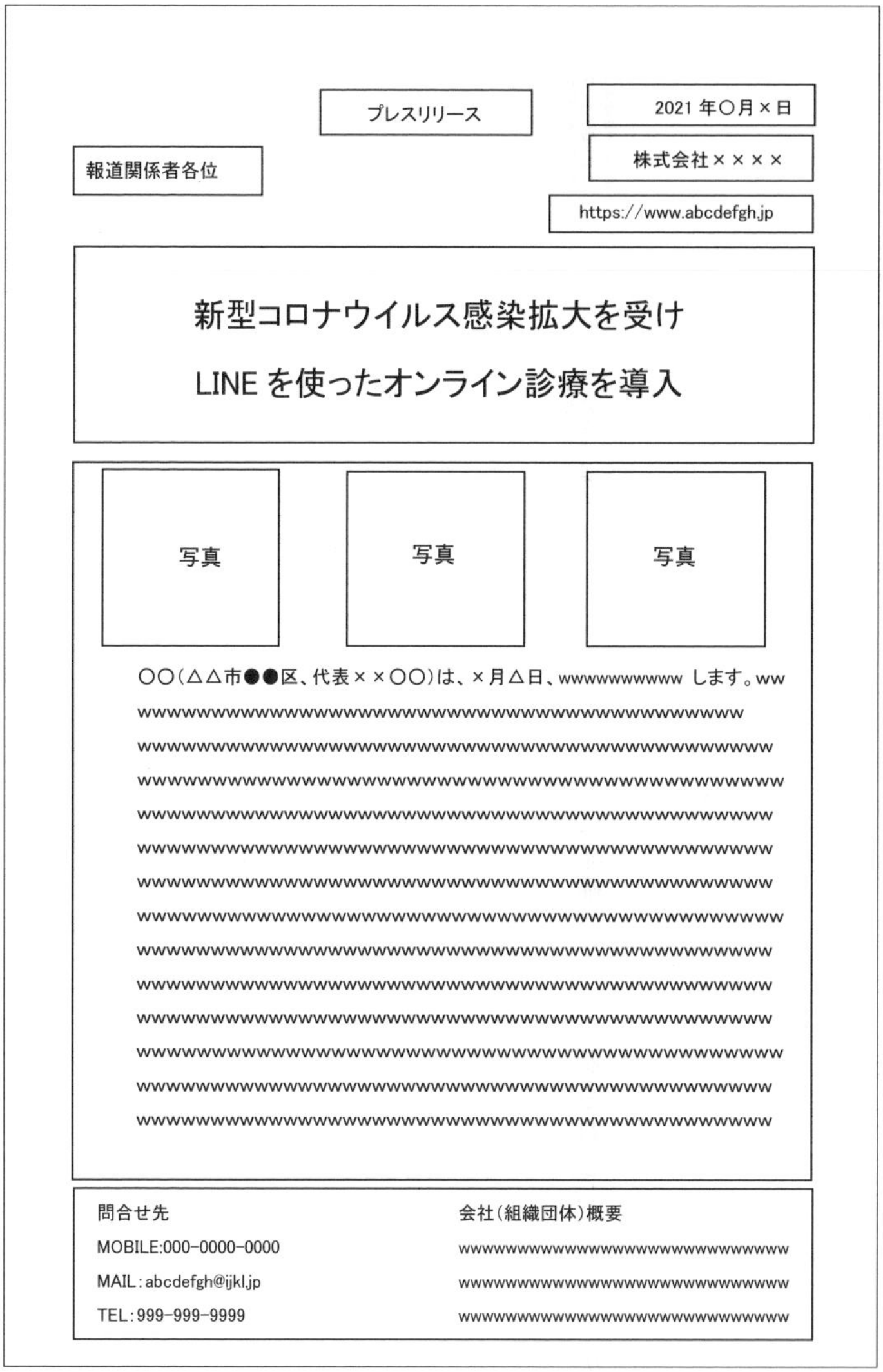
プレスリリース

2021年〇月×日

報道関係者各位

株式会社××××

https://www.abcdefgh.jp

新型コロナウイルス感染拡大を受け
LINEを使ったオンライン診療を導入

写真

写真

写真

〇〇（△△市●●区、代表××〇〇）は、×月△日、wwwwwwwwww します。ww
wwwwwwwwwwwwwwwwwwwwwwwwwwwwwwwwwwwwwwwwwwwwwwww
wwwwwwwwwwwwwwwwwwwwwwwwwwwwwwwwwwwwwwwwwwwwwwwww
wwwwwwwwwwwwwwwwwwwwwwwwwwwwwwwwwwwwwwwwwwwwwwwwww
wwwwwwwwwwwwwwwwwwwwwwwwwwwwwwwwwwwwwwwwwwwwwwwww
wwwwwwwwwwwwwwwwwwwwwwwwwwwwwwwwwwwwwwwwwwwwwwwww
wwwwwwwwwwwwwwwwwwwwwwwwwwwwwwwwwwwwwwwwwwwwwwwww
wwwwwwwwwwwwwwwwwwwwwwwwwwwwwwwwwwwwwwwwwwwwwwwwww
wwwwwwwwwwwwwwwwwwwwwwwwwwwwwwwwwwwwwwwwwwwwwwwww
wwwwwwwwwwwwwwwwwwwwwwwwwwwwwwwwwwwwwwwwwwwwwwwww
wwwwwwwwwwwwwwwwwwwwwwwwwwwwwwwwwwwwwwwwwwwwwwwww
wwwwwwwwwwwwwwwwwwwwwwwwwwwwwwwwwwwwwwwwwwwwwwwwww
wwwwwwwwwwwwwwwwwwwwwwwwwwwwwwwwwwwwwwwwwwwwwwwww
wwwwwwwwwwwwwwwwwwwwwwwwwwwwwwwwwwwwwwwwwwwwwwwww

問合せ先
MOBILE:000-0000-0000
MAIL：abcdefgh@ijkl.jp
TEL：999-999-9999

会社（組織団体）概要
wwwwwwwwwwwwwwwwwwwwwwwwwwwwwwww
wwwwwwwwwwwwwwwwwwwwwwwwwwwwwwww
wwwwwwwwwwwwwwwwwwwwwwwwwwwwwwww

神戸新聞東播版　2020年５月10日付　朝刊

「スムーズ」患者に好評

電話でも37医療機関が実施

東播で広がるオンライン診療

新型コロナウイルスの感染拡大を受け、医師がスマートフォンなどの画面を通して遠隔で患者を診療する「オンライン診療」の導入が、東播地域でも進んでいる。９日時点で37の医療機関が実施（電話での診療を含む）。利用した患者からは「思ったよりスムーズ」と好評だ。（小森有喜）

オンライン診療は、通院で外出する患者の感染リスクを減らし、医師や看護師らの院内感染を防ぐことが狙い。これまでは原則、再診の患者が対象だったが、厚生労働省は新型コロナウイルス終息までの時限措置として、初診についても電話診療を含めて４月13日から解禁した。同省のホームページに実施医療機関の一覧が掲載されている。

稲美町国岡２の大西メディカルクリニックは４月中旬から、無料通信アプリＬＩＮＥ（ライン）を使った診療を導入。電話診療も初診の患者を対象に加えた。毎日電話で10～20人、ラインで３、４人程度を診療しているという。

患者は事前に氏名や住所といった基本情報や症状をラインのメッセージで送り、保険証や診察券の写真も添付。その後ビデオ通話を開始し、免許証などで本人確認を済ませた後、医師と会話する。診断結果は通話中か、終了後のメッセージで伝えられる。支払いもインターネット上で済ませることができる。

薬が処方された場合は、患者が希望する薬局に、医師から処方箋が送られ、患者が出向いて受け取る。診断の途中で聴診や触診が必要だと判断されれば、来院してもらう可能性もある。

普段は同クリニックに通っており、初めてオンライン診療を利用した加古川市[redacted]の[redacted]さん[redacted]は「顔も見えるし思ったよりスムーズに話せる」と気に入った様子。大西奉文院長(64)は「いつももらっている薬が欲しいだけ、といった方に好評。活用してほしい」と話している。

ビデオ通話で診療する大西メディカルクリニックの大西奉文院長＝稲美町国岡２

〈解答Ⓑ〉

これも掲載されました。「日の出医療福祉グループ」の事例です。理由は②のNews（時流性・季節性）です。当分「新型コロナウイルス」関連のネタはマスコミの注目度ＮＯ１です。社会的影響が大きいからです。ましてや「オンライン診療」です。③のSocial（社会性・公共性）という条件にもあてはまります。医療崩壊を防止するためにはコロナ以外の通常診療の効率化が必須です。

〈問題Ⓒ〉

プレスリリース

2021 年○月×日

報道関係者各位

株式会社××××

https://www.abcdefgh.jp

食の健康志向、安全志向、節約志向に向け
秋の新商品発売

写真　写真　写真

株式会社○○(△△市●●区、代表××○○)は、×月△日、wwwwwwwwww します。wwwwwwwwwwwwwwwwwwwwwwwwwwwwwwwwwwwwwwwwwwwwwwwwwww wwwwwwwwwwwwwwwwwwwwwwwwwwwwwwwwwwwwwwwwwwwwwwwwwwwwwwwww wwwwwwwwwwwwwwwwwwwwwwwwwwwwwwwwwwwwwwwwwwwwwwwwwwwwwwwww wwwwwwwwwwwwwwwwwwwwwwwwwwwwwwwwwwwwwwwwwwwwwwwwwwwwwwwwww wwwwwwwwwwwwwwwwwwwwwwwwwwwwwwwwwwwwwwwwwwwwwwwwwwwwwwwww wwwwwwwwwwwwwwwwwwwwwwwwwwwwwwwwwwwwwwwwwwwwwwwwwwwwwwwww wwwwwwwwwwwwwwwwwwwwwwwwwwwwwwwwwwwwwwwwwwwwwwwwwwwwwwwww wwwwwwwwwwwwwwwwwwwwwwwwwwwwwwwwwwwwwwwwwwwwwwwwwwwwwwwwww wwwwwwwwwwwwwwwwwwwwwwwwwwwwwwwwwwwwwwwwwwwwwwwwwwwwwwwww wwwwwwwwwwwwwwwwwwwwwwwwwwwwwwwwwwwwwwwwwwwwwwwwwwwwwwwww wwwwwwwwwwwwwwwwwwwwwwwwwwwwwwwwwwwwwwwwwwwwwwwwwwwwwwwww wwwwwwwwwwwwwwwwwwwwwwwwwwwwwwwwwwwwwwwwwwwwwwwwwwwwwwwwww wwwwwwwwwwwwwwwwwwwwwwwwwwwwwwwwwwwwwwwwwwwwwwwwwwwwwwwww wwwwwwwwwwwwwwwwwwwwwwwwwwwwwwwwwwwwwwwwwwwwwwwwwwwwwwwww

問合せ先
MOBILE:000-0000-0000
MAIL:abcdefgh@ijkl.jp
TEL:999-999-9999

会社(組織団体)概要
wwwwwwwwwwwwwwwwwwwwwwwwwwwwwwwwww
wwwwwwwwwwwwwwwwwwwwwwwwwwwwwwwwww
wwwwwwwwwwwwwwwwwwwwwwwwwwwwwwwwww

〈**解答Ⓒ**〉

これは掲載されませんでした。「合食」の事例です。「食の健康志向、安全志向、節約志向」とあるので、②のNews（時流性・季節性）にあてはまりそうに見えます。が、具体的な事実（ファクト）がなく、インパクトに欠けます。抽象的な言葉だけでタイトルをつけた私のミスでした。

〈問題Ⓓ〉

プレスリリース

2021年○月×日

報道関係者各位

株式会社××××

https://www.abcdefgh.jp

アジアの子供の食中毒死を防ぎたい

「食中毒からアジアの子供を守る会」を支援

写真　写真　写真

○○(△△市●●区、代表××○○)は、×月△日、wwwwwwwwww します。w
wwwwwwwwwwwwwwwwwwwwwwwwwwwwwwwwwwwwwwwwwwwwwww
wwwwwwwwwwwwwwwwwwwwwwwwwwwwwwwwwwwwwwwwwwwwwwwwwwwwwwwwww
wwwwwwwwwwwwwwwwwwwwwwwwwwwwwwwwwwwwwwwwwwwwwwwwwwwwwwwwww
wwwwwwwwwwwwwwwwwwwwwwwwwwwwwwwwwwwwwwwwwwwwwwwwwwwwwwwwwww
wwwwwwwwwwwwwwwwwwwwwwwwwwwwwwwwwwwwwwwwwwwwwwwwwwwwwwwwww
wwwwwwwwwwwwwwwwwwwwwwwwwwwwwwwwwwwwwwwwwwwwwwwwwwwwwwwwww
wwwwwwwwwwwwwwwwwwwwwwwwwwwwwwwwwwwwwwwwwwwwwwwwwwwwwwwwww
wwwwwwwwwwwwwwwwwwwwwwwwwwwwwwwwwwwwwwwwwwwwwwwwwwwwwwwwwww
wwwwwwwwwwwwwwwwwwwwwwwwwwwwwwwwwwwwwwwwwwwwwwwwwwwwwwwwww
wwwwwwwwwwwwwwwwwwwwwwwwwwwwwwwwwwwwwwwwwwwwwwwwwwwwwwwwww
wwwwwwwwwwwwwwwwwwwwwwwwwwwwwwwwwwwwwwwwwwwwwwwwwwwwwwwwww
wwwwwwwwwwwwwwwwwwwwwwwwwwwwwwwwwwwwwwwwwwwwwwwwwwwwwwwwwww
wwwwwwwwwwwwwwwwwwwwwwwwwwwwwwwwwwwwwwwwwwwwwwwwwwwwwwwwww
wwwwwwwwwwwwwwwwwwwwwwwwwwwwwwwwwwwwwwwwwwwwwwwwwwwwwwwwww

問合せ先
MOBILE:000-0000-0000
MAIL:abcdefgh@ijkl.jp
TEL:999-999-9999

会社(組織団体)概要
wwwwwwwwwwwwwwwwwwwwwwwwwwwwwwww
wwwwwwwwwwwwwwwwwwwwwwwwwwwwwwww
wwwwwwwwwwwwwwwwwwwwwwwwwwwwwwww

神戸新聞東播版　2020年１月31日付　夕刊

神戸の元大学教授、現地で啓発活動

アジアの子 絵本で食中毒予防

食品加熱、手洗い 易しく解説

アジアでまん延する食中毒を減らそうと、神戸市垂水区の元大学教授がNPO法人を設立し、子ども向けの絵本で予防を呼び掛ける活動を続けている。ミャンマーやタイなどに絵本を寄付し、読み聞かせをしてもらう。正しい手洗いや食品の加熱で、細菌やウイルスから身を守れることを伝え、衛生用品も寄付する。（広岡磨璃）

絵本を活用し、アジアで食中毒予防の啓発に乗り出した山庄司志朗さん＝加古川市平岡町新在家

元静岡理工科大教授で、食品衛生が専門の山庄司志朗さん(69)は昨年12月、学生時代の同期らとNPO法人「食中毒から子供を守る会」を設立した。東南アジアは水環境の悪さなどから、食中毒の死者が他地域に比べて多い。世界保健機関（WHO）は5歳未満の死者を年間5万人と推定しているが、山庄司さんは「多い国では毎年数十万人の幼児が死亡しているのが現状」と指摘する。

山庄司さんは2018年12月、保育園や介護施設を運営する一般社団法人「日の出医療福祉グループ」（加古川市）の顧問に就任。食品衛生の知見を現場に生かそうと、保育士、栄養士とともに絵本「ばいきん　ばいばい　げんきなからだ」を完成させ、子どもたちへの読み聞かせに活用している。これまで関わってきた東南アジアの衛生環境改善にも絵本を利用することにした。

絵本は、平易な文章とイラストで構成。食中毒の原因となるばい菌（細菌、ウイルス）の特徴、食肉や魚など菌が付着しやすい食品を示し、食品の十分な加熱や作ったらすぐ食べること、せっけんで丁寧に手を洗うこと―などを伝える。

ミャンマーの孤児院で取り組んだ絵本読み聞かせ＝昨年11月（山庄司志朗さん提供）

英語、タイ語など5カ国語に翻訳。昨年はミャンマーの孤児院やタイの幼稚園を訪問し、絵本の読み聞かせに取り組んだ。幼稚園では歯ブラシやコップが1クラスに数人分しかない一方で、教育のデジタル化は進んでいるという。「衛生面の向上が置き去りにされている」とし、NPO法人で寄付を募り、絵本による啓発活動に加え、コップや歯ブラシなどを寄付する。

2月以降、4カ国を訪問し各100冊を寄付する予定。山庄司さんは「現地で活動拠点となる協力者も現れ、絵本も第2弾を計画中。賛同者を広げたい」と話し、寄付も随時受け付けている。山庄司さん☎090・5128・8607

〈解答Ⓓ〉

掲載されました。「日の出医療福祉グループ」の事例です。③Social（社会性・公共性）があるからです。東南アジアは世界中で食中毒が最も多い地域で、5歳未満の子供が年間5万人死亡しています（WHO資料より）。その原因は、不衛生な環境と食中毒防止に対する無知であり、衛生管理と栄養指導の知識普及により改善可能です。食中毒研究の権威である山庄司志朗氏は劣悪な衛生状態を早急に改善すべきと考え、NPO法人を設立しました。日の出医療福祉グループはこの活動を支援しています。この取り組みは、社会問題の解決に役立つ活動でしたので、プレスリリースを送付してすぐ取材が決定しました。

〈問題Ⓔ〉

プレスリリース

2021 年○月×日

報道関係者各位

株式会社××××

https://www.abcdefgh.jp

出入国管理法改正に向け
介護業界で外国人受入を拡大中

写真　　写真　　写真

○○(△△市●●区、代表××○○)は、×月△日、wwwwwwwwww します。w
wwwwwwwwwwwwwwwwwwwwwwwwwwwwwwwwwwwwwwwwwwwwwwwwwwwww
wwwwwwwwwwwwwwwwwwwwwwwwwwwwwwwwwwwwwwwwwwwwwwwwwwwwww
wwwwwwwwwwwwwwwwwwwwwwwwwwwwwwwwwwwwwwwwwwwwwwwwwwwwww
wwwwwwwwwwwwwwwwwwwwwwwwwwwwwwwwwwwwwwwwwwwwwwwwwwwwwww
wwwwwwwwwwwwwwwwwwwwwwwwwwwwwwwwwwwwwwwwwwwwwwwwwwwwww
wwwwwwwwwwwwwwwwwwwwwwwwwwwwwwwwwwwwwwwwwwwwwwwwwwwwww
wwwwwwwwwwwwwwwwwwwwwwwwwwwwwwwwwwwwwwwwwwwwwwwwwwwwww
wwwwwwwwwwwwwwwwwwwwwwwwwwwwwwwwwwwwwwwwwwwwwwwwwwwwwww
wwwwwwwwwwwwwwwwwwwwwwwwwwwwwwwwwwwwwwwwwwwwwwwwwwwwww
wwwwwwwwwwwwwwwwwwwwwwwwwwwwwwwwwwwwwwwwwwwwwwwwwwwwww
wwwwwwwwwwwwwwwwwwwwwwwwwwwwwwwwwwwwwwwwwwwwwwwwwwwwww
wwwwwwwwwwwwwwwwwwwwwwwwwwwwwwwwwwwwwwwwwwwwwwwwwwwwwww
wwwwwwwwwwwwwwwwwwwwwwwwwwwwwwwwwwwwwwwwwwwwwwwwwwwwww
wwwwwwwwwwwwwwwwwwwwwwwwwwwwwwwwwwwwwwwwwwwwwwwwwwwwww

問合せ先
MOBILE:000-0000-0000
MAIL:abcdefgh@ijkl.jp
TEL:999-999-9999

会社(組織団体)概要
wwwwwwwwwwwwwwwwwwwwwwwwwwwwwwwwww
wwwwwwwwwwwwwwwwwwwwwwwwwwwwwwwwww
wwwwwwwwwwwwwwwwwwwwwwwwwwwwwwwwww

〈解答Ⓔ〉

これは掲載されませんでした。「日の出医療福祉グループ」の事例です。介護人材不足の解決になるので、③Social（社会性・公共性）にあてはまると私自身も期待していましたが、掲載されませんでした。外国人受入に積極的な企業は当グループだけではありません。当グループ以上に積極的な事業者もいるでしょう。「なぜ他の事業者ではなく日の出医療福祉グループでなければならないのか」という理屈付けができていなかった私の失敗でした。

〈問題Ⓕ〉

プレスリリース

2021年○月×日

報道関係者各位

株式会社××××

https://www.abcdefgh.jp

「おいしい減塩シリーズ」のおつまみ
減塩食品アワードで金賞受賞、読者プレゼント

写真　写真　写真

株式会社○○（△△市●●区、代表××○○）は、×月△日、wwwwwwwwww します。wwwwwwwwwwwwwwwwwwwwwwwwwwwwwwwwwwwwwwwwwwwww wwwwwwwwwwwwwwwwwwwwwwwwwwwwwwwwwwwwwwwwwwwwwwwwwww wwwwwwwwwwwwwwwwwwwwwwwwwwwwwwwwwwwwwwwwwwwwwwwwwww wwwwwwwwwwwwwwwwwwwwwwwwwwwwwwwwwwwwwwwwwwwwwwwwwww wwwwwwwwwwwwwwwwwwwwwwwwwwwwwwwwwwwwwwwwwwwwwwwwwww wwwwwwwwwwwwwwwwwwwwwwwwwwwwwwwwwwwwwwwwwwwwwwwwwww wwwwwwwwwwwwwwwwwwwwwwwwwwwwwwwwwwwwwwwwwwwwwwwwwww wwwwwwwwwwwwwwwwwwwwwwwwwwwwwwwwwwwwwwwwwwwwwwwwwww wwwwwwwwwwwwwwwwwwwwwwwwwwwwwwwwwwwwwwwwwwwwwwwwwww wwwwwwwwwwwwwwwwwwwwwwwwwwwwwwwwwwwwwwwwwwwwwwwwwww wwwwwwwwwwwwwwwwwwwwwwwwwwwwwwwwwwwwwwwwwwwwwwwwwww wwwwwwwwwwwwwwwwwwwwwwwwwwwwwwwwwwwwwwwwwwwwwwwwwww wwwwwwwwwwwwwwwwwwwwwwwwwwwwwwwwwwwwwwwwwwwwwwwwwww

問合せ先
MOBILE:000-0000-0000
MAIL：abcdefgh@ijkl.jp
TEL：999-999-9999

会社（組織団体）概要
wwwwwwwwwwwwwwwwwwwwwwwwwwwwwwwwwww
wwwwwwwwwwwwwwwwwwwwwwwwwwwwwwwwwww
wwwwwwwwwwwwwwwwwwwwwwwwwwwwwwwwwww

産経新聞兵庫版　2018年６月15日付　朝刊

プレゼント

「おいしい減塩」味わって

神戸の合食、減塩食品アワードで金賞

水産商社・食品メーカーの合食（神戸市）が製造した減塩食品「おいしい減塩さきいか」と「おいしい減塩くんさき」が、日本高血圧学会減塩委員会（ＪＳＨ）主催の「第４回ＪＳＨ減塩食品アワード」で金賞に選ばれた。

ＪＳＨでは平成25年から、おいしい減塩食品を「ＪＳＨ減塩食品リスト」としてホームページで紹介。また、リストの中から減塩化の推進に優れた成果を挙げた製品を同アワードで表彰している。

合食の2商品は、文部科学省の「日本食品標準成分表」と比べて塩分を30％カットしながらも、独自の製法で素材本来の味を楽しめる。さきいかは30㌘入り、くんさきは54㌘入りで、希望小売価格はいずれも３００円（税抜き）。大手スーパーのほか、ドラッグストアチェーンなどで扱っている。

◇

読者20人にこの2商品をセットでプレゼントします。はがきに郵便番号、住所、氏名、電話番号を明記し、〒６５２―０８４４ 神戸市兵庫区中之島１の１の１ 合食広報室「おいしい減塩プレゼント係」へ。21日必着。当選者は発送をもって代えます。

第４回ＪＳＨ減塩食品アワードで金賞に選ばれたおいしい減塩シリーズの「さきいか」（上）と「くんさき」

〈解答Ⓕ〉

掲載されました。「合食」の事例です。「食の健康志向」という②のNews（時流性・季節性）に当てはまるので、掲載されると確信していました。ところがE新聞の記者から、「何かプラスアルファがほしい」と言われました。そこで、「読者プレゼント」という⑥のMerit（実利性）との合わせ技で掲載にこぎつけました。

〈問題Ⓖ〉

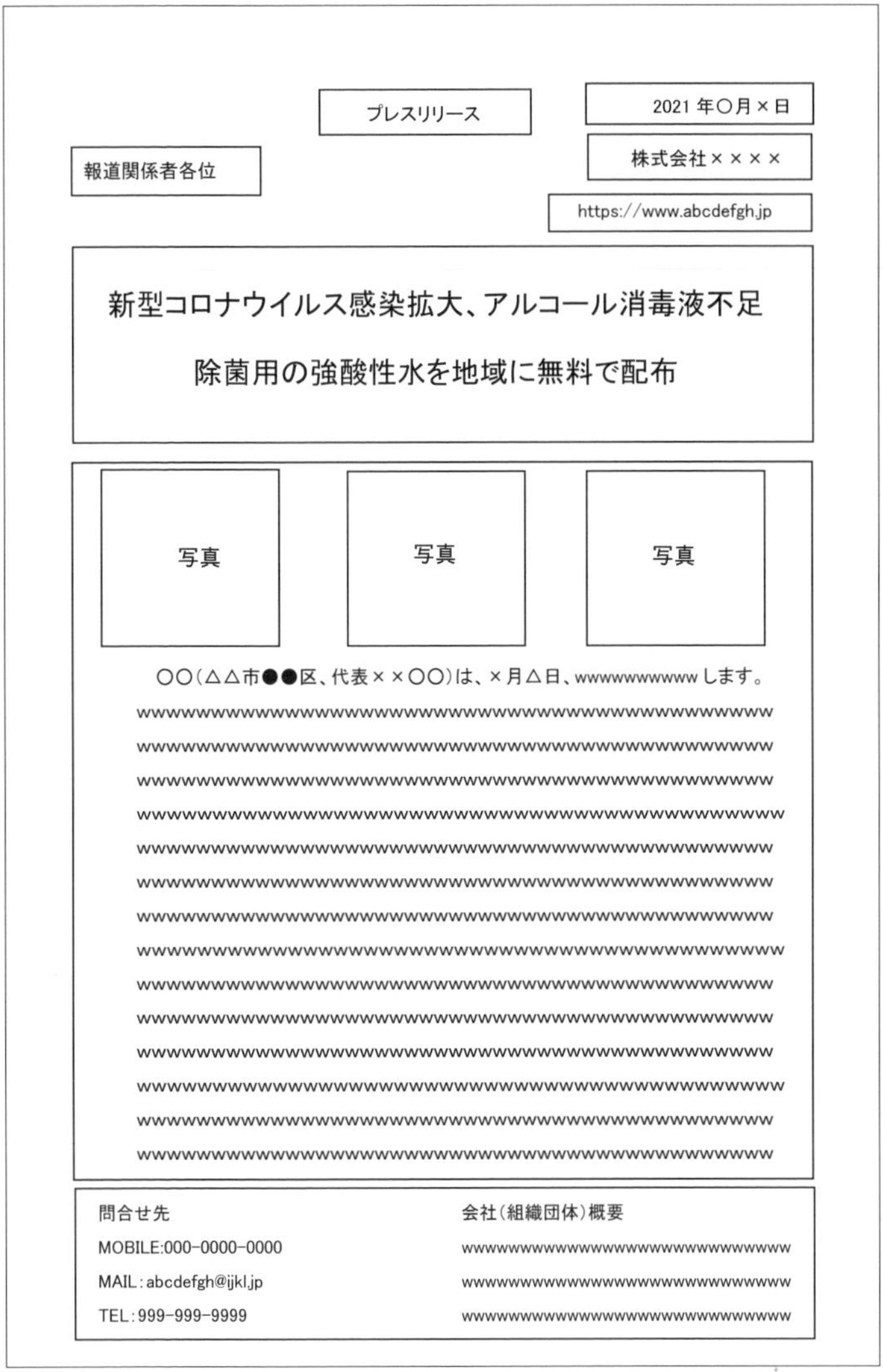
プレスリリース
2021年○月×日
報道関係者各位
株式会社××××
https://www.abcdefgh.jp
新型コロナウイルス感染拡大、アルコール消毒液不足
除菌用の強酸性水を地域に無料で配布
写真
写真
写真
○○(△△市●●区、代表××○○)は、×月△日、wwwwwwwwwwします。
問合せ先
MOBILE:000-0000-0000
MAIL:abcdefgh@ijkl.jp
TEL:999-999-9999
会社(組織団体)概要

神戸新聞東播版　2020年4月8日付　朝刊

除菌用水を配布

加古川の医療福祉グループ、無料で

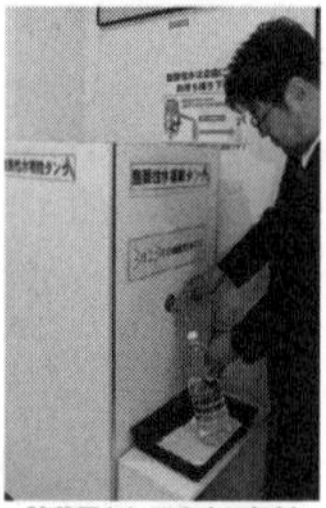

除菌用として患者に無料配布されている強酸性電解水＝稲美町国岡2

新型コロナウイルスの感染拡大でアルコール消毒液が不足する中、医療・介護施設などを運営する一般社団法人「日の出医療福祉グループ」（加古川市平岡町新在家）が、除菌用の「強酸性電解水（強酸性水）」を患者や施設利用者らに無料で配っている。新型コロナへの効果は検証されていないが、インフルエンザやノロウイルスなどに有用とされ、希望に応じて近隣の介護施設や保育施設にも無償提供する。

強酸性電解水は食塩水を電気分解して作られ、アルコール消毒液の代用品として注目されている。

同グループは生成機器を持ち、従来、空間の除菌や皮膚疾患の治療に利用。今回の感染拡大を受け、整形外科「大西メディカルクリニック」（稲美町国岡2）では、希望する患者にペットボトルで無料配布した上で、待合室にタンクを設け、2回目以降は自由に入れられるようにした。

系列の特別養護老人ホームや介護老人保健施設でも利用者や家族向けに配ったり、噴霧器で散布したりしている。稲美町商工会にも提供した。

配布を希望する介護施設や保育施設の受け付けは同クリニック☎079・451・7061（広岡磨璃）

〈解答Ⓖ〉

掲載されました。「日の出医療福祉グループ」の事例です。「新型コロナウイルス関連」なので②のNews（時流性・季節性）に当てはまります。「アルコール消毒液不足の解消」なので③のSocial（社会性・公共性）にも当てはまります。「地域に無料配布」なので、⑥Local（地域性）にも当てはまります。地域NO1の発行部数を誇る地方紙に載らないわけがありません。

〈問題Ⓕ〉

プレスリリース

2021 年○月×日

報道関係者各位

株式会社××××

https://www.abcdefgh.jp

「介護」広報担当者はテレビ局アナウンサー出身

介護業界のイメージアップのために奔走

写真　写真　写真

○○（△△市●●区、代表××○○）は、×月△日、wwwwwwwwww します。
wwwwwwwwwwwwwwwwwwwwwwwwwwwwwwwwwwwwwwwwwwwwwwwwwwwwww
wwwwwwwwwwwwwwwwwwwwwwwwwwwwwwwwwwwwwwwwwwwwwwwwwwwwww
wwwwwwwwwwwwwwwwwwwwwwwwwwwwwwwwwwwwwwwwwwwwwwwwwwwwww
wwwwwwwwwwwwwwwwwwwwwwwwwwwwwwwwwwwwwwwwwwwwwwwwwwwwwww
wwwwwwwwwwwwwwwwwwwwwwwwwwwwwwwwwwwwwwwwwwwwwwwwwwwwww
wwwwwwwwwwwwwwwwwwwwwwwwwwwwwwwwwwwwwwwwwwwwwwwwwwwwww
wwwwwwwwwwwwwwwwwwwwwwwwwwwwwwwwwwwwwwwwwwwwwwwwwwwwww
wwwwwwwwwwwwwwwwwwwwwwwwwwwwwwwwwwwwwwwwwwwwwwwwwwwwwww
wwwwwwwwwwwwwwwwwwwwwwwwwwwwwwwwwwwwwwwwwwwwwwwwwwwwww
wwwwwwwwwwwwwwwwwwwwwwwwwwwwwwwwwwwwwwwwwwwwwwwwwwwwww
wwwwwwwwwwwwwwwwwwwwwwwwwwwwwwwwwwwwwwwwwwwwwwwwwwwwww
wwwwwwwwwwwwwwwwwwwwwwwwwwwwwwwwwwwwwwwwwwwwwwwwwwwwwww
wwwwwwwwwwwwwwwwwwwwwwwwwwwwwwwwwwwwwwwwwwwwwwwwwwwwww
wwwwwwwwwwwwwwwwwwwwwwwwwwwwwwwwwwwwwwwwwwwwwwwwwwwwww

問合せ先
MOBILE:000-0000-0000
MAIL：abcdefgh@ijkl.jp
TEL：999-999-9999

会社（組織団体）概要
wwwwwwwwwwwwwwwwwwwwwwwwwwwwwwwwwwww
wwwwwwwwwwwwwwwwwwwwwwwwwwwwwwwwwwww
wwwwwwwwwwwwwwwwwwwwwwwwwwwwwwwwwwww

神戸新聞東播版　2018年12月29日付　朝刊

「介護の仕事」発信へ奔走

日の出医療・大西さん　テレビ局勤務の経験生かし

加古川

「介護の仕事のありのままを、もっと多くの人に知ってほしい」。介護施設などを展開する一般社団法人「日の出医療福祉グループ」（加古川市）の広報担当、大西緑さん（30）の思いだ。テレビ局勤務の経験を生かし、働き方やケアの取り組みを積極的に発信してきた。結婚のため今月末で職場を離れるが、「介護が『普通の仕事』として認識される社会になってほしい」と願う。　（広岡磨璃）

働き方や取り組み「ありのまま知って」

大西さんは稲美町出身。同グループの母体、キング醸造（同町）の創業家一族に生まれ、大学卒業後、高知県のテレビ局に入社した。念願だったアナウンサーのほか、制作や取材も経験。充実していたが、関心のあった福祉の世界に進もうと、昨秋帰郷し、同グループの一員になった。

今年7月から、PRコンサルタントの男性と二人三脚で広報を担当。現場を取材し、「発信すべき取り組みばかり」と驚いた。

老人ホームでの口腔《こうくう》ケアの取り組みや、デイサービス施設での子連れ勤務制度など、半年間で発信したプレスリリースは10件以上。老人ホームで社会人サッカーの選手を雇用し、仕事とスポーツの両立を支援する取り組みは、全国各地の新聞に掲載され、NHKでも全国放送された。しかし介護のマイナスイメージと合わせて紹介されることも多く、模索が続いた。

大西さんは結婚で高知県に転居するため、今月末で退職する。心残りはあるが、「介護の仕事は、何でも要望に応える『お世話』ではなく、高齢者のできることをサポートし、生きがいを支えること。その認識がもっと広まれば」と願い、今後も関心を寄せていくという。

介護現場の取り組みを積極的に広報してきた大西緑さん＝加古川市平岡町新在家

〈解答Ⓕ〉

掲載されました。「日の出医療福祉グループ」の事例です。介護人材不足という背景が③のSocial（社会性・公共性）の条件に当てはまります。とは言え最大の要因は④のDrama（ドラマ性・人間性）です。この記事の主人公はもと私が指導していた広報担当者でした。彼女の「介護という仕事の素晴らしさをもっと知ってもらいたい」という想いが記者の心を動かし、記者の方から取材を依頼されました。想いは通じるのです。

〈問題Ⓖ〉

プレスリリース

2021 年○月×日

報道関係者各位

株式会社××××

https://www.abcdefgh.jp

合食と弘前大学、
健康・美容食品開発で、産学連携

写真　写真　写真

株式会社○○（△△市●●区、代表××○○）は、×月△日、wwwwwwwwwwww
します。wwwwwwwwwwwwwwwwwwwwwwwwwwwwwwwwwwwwwwwwwwwwwwwwww
wwwwwwwwwwwwwwwwwwwwwwwwwwwwwwwwwwwwwwwwwwwwwwwwwwwwwww
wwwwwwwwwwwwwwwwwwwwwwwwwwwwwwwwwwwwwwwwwwwwwwwwwwwwwwwww
wwwwwwwwwwwwwwwwwwwwwwwwwwwwwwwwwwwwwwwwwwwwwwwwwwwwwww
wwwwwwwwwwwwwwwwwwwwwwwwwwwwwwwwwwwwwwwwwwwwwwwwwwwwwww
wwwwwwwwwwwwwwwwwwwwwwwwwwwwwwwwwwwwwwwwwwwwwwwwwwwwwww
wwwwwwwwwwwwwwwwwwwwwwwwwwwwwwwwwwwwwwwwwwwwwwwwwwwwwwwww
wwwwwwwwwwwwwwwwwwwwwwwwwwwwwwwwwwwwwwwwwwwwwwwwwwwwwww
wwwwwwwwwwwwwwwwwwwwwwwwwwwwwwwwwwwwwwwwwwwwwwwwwwwwwww
wwwwwwwwwwwwwwwwwwwwwwwwwwwwwwwwwwwwwwwwwwwwwwwwwwwwwww
wwwwwwwwwwwwwwwwwwwwwwwwwwwwwwwwwwwwwwwwwwwwwwwwwwwwwwwww
wwwwwwwwwwwwwwwwwwwwwwwwwwwwwwwwwwwwwwwwwwwwwwwwwwwwwww
wwwwwwwwwwwwwwwwwwwwwwwwwwwwwwwwwwwwwwwwwwwwwwwwwwwwwww

問合せ先	会社（組織団体）概要
MOBILE:000-0000-0000	wwwwwwwwwwwwwwwwwwwwwwwwwwwwwww
MAIL：abcdefgh@ijkl.jp	wwwwwwwwwwwwwwwwwwwwwwwwwwwwwww
TEL：999-999-9999	wwwwwwwwwwwwwwwwwwwwwwwwwwwwwww

デーリー東北　2017年11月９日付　朝刊

機能性食品を共同研究

県産リンゴ「紅の夢」使用

八戸に工場　合食（神戸）と弘前大

ドライフルーツ商品化へ

〈解答Ⓖ〉

なんと八戸の地方紙「デーリー東北」の一面トップで掲載されました。「合食」の事例です。商品開発スタッフの写真が同じ一面に掲載されたトランプ大統領の写真よりも大きい、と社内で話題になりました。もちろん「弘前大学」なので⑥Local（地域性）にあてはまります。そして、地元での知名度を考えると⑥のKnown（著名性）にも当てはまります。弘前大学は、戦前の旧制弘前高校・青森師範学校の流れを汲む青森県唯一の国立大学なのです。

2．マスコミに歓迎されるネタ・7つの条件

何となく感覚的にご理解いただけたでしょうか？　あらためて解説します。

(1)　Surprise（意外性・希少性・独自性）

意外性・希少性・独自性とは、たとえば「世界初」とか「業界最高」「業界ベスト3」といったネタのことです。「世界初」はなかなかハードルが高いと思いますが、「業界初」とか「東京初」のように範囲や地域を絞り込めばどうでしょうか？「業界最大」とか「横浜最速」でもかまいません。客観的な裏付けさえあればぜひプレスリリースのタイトルに入れましょう。記者の目を引くのは間違いありません。

「世界一」になったスパコンの「富岳」や「日本初」となった医療手術支援ロボットの「HINOTORI」などSurpriseのあるネタは、テレビや新聞、ネットニュースで大きく取り上げられました。

「ギネス世界記録」というお墨付きも強力です。もちろんどんな記録かにもよりますがマスコミ露出確率は高くなります。

私の手掛けた最近の事例では、大阪府泉大津市のニット専門メーカー「澤田株式会社」の「和紙の繊維を使った靴下」があります。『和紙を使った』という独自性や『見た目は普通の靴下

日経ＭＪ新製品欄　2021年５月17付

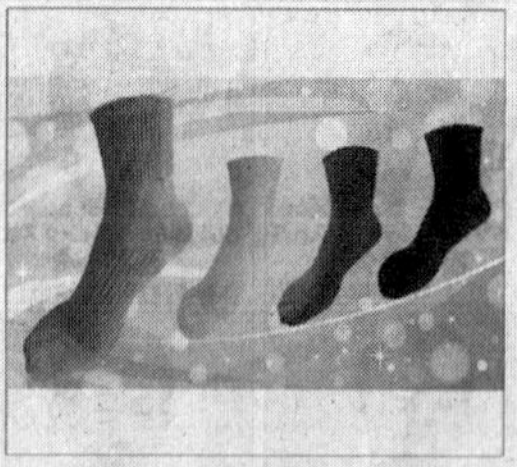

和紙の繊維使った靴下

澤田（大阪府泉大津市、0725・22・0630）の和紙をより合わせた繊維で作った靴下「アミアミ　和紙パーティションソックス」

吸収速乾性や通気性のよい独自繊維（和紙51%、ポリエステル38%など）を採用。サラッとした快適な肌触り。見た目は通常の靴下だが、指部分の内側に仕切りを付けたことで５本指に分割され、はき心地もよい。普段使いのほか、スポーツ時に着用しても。23～27㌢の男女兼用。《４色、1540円》

なのに中は五本指ソックス』という意外性があり、日経ＭＪに掲載されました。

この①Surprise（意外性・希少性・独自性）はきわめて重要です。私がこのことを新聞記者に叩きこまれた事例をご紹介しましょう。

Ｓ新聞のＭ記者に新商品のプレスリリースを持参して説明したとき、彼はその後私の広報ＰＲ人生における座右の銘となる一言を発してくださいました。

「中島さん、私が『へええ』とか『ほおお』とか思わず声を出してしまうようなネタを持ってきてくださいよ。『ふうん』くらいの、どこにでもあるようなネタじゃダメですよ」
もちろん私が持って行ったネタは採用されませんでした。私は秋の暮れかけた西日を背に、人通りの少ない神戸の裏通りをひとりとぼとぼ歩きながら、ぶつぶつぶやいていました。「『へええ』とか『へええ』とか『ほおお』ねえ…『へええ』『へええ』『ほおお』『へえへえほお』『へえへえほお』…そうだ、これを『ヘイヘイホーの法則』と名付けて覚えよう」（北島三郎「与作」より）

こうしてマスコミが歓迎してくれるネタの第1条件①Surprise（意外性・希少性・独自性）の別名「ヘイヘイホーの法則」が誕生しました。ぜひ皆さんもこの別名で覚えてください。ネタの開発にはこの法則がもっとも重要です。

(2) News（時流性・季節性）

時流性とは、世の中のトレンドにマッチしているか、あるいは、トレンドになる兆しはあるか、ということです。

もちろん新型コロナウイルス感染拡大に伴うトレンドが圧倒的に多いと思います。「オンライン」「リモートワーク」「巣ごもり消費」など、すぐに思いつくものだけでも数多くあります。

一方で以前から継続しているトレンドも少なくありません。「ＳＤＧｓ」「働き方改革」「グリーン（脱炭素）」「デジタル」などです。

トレンドにからめてプレスリリースを配信することは、マスコミ露出確率アップにきわめて有効です。マスコミの読者・視聴者が興味を持ちそうなことは、マスコミとしても他社に先駆けてキャッチして報道したいからです。トレンドをいち早くキャッチするためには常に世の中の動きに目配りしていなければいけません。世の中の大きな動きを把握しておき、その動きに合わせてネタを創っていけば、いとも簡単にマスコミに掲載されます。

たとえば「デジタル」「地球環境」「働き方改革」を例に取ります。政府はことあるごとにこれらの政策を推進していくことを表明しています。予算にもその政策を強く反映させました。となると、当分このトレンドが大きなうねりとなって進行していくことは間違いありません。

このようなトレンドにのっかりましょう。あなたのネタをその時々のトレンドや旬の話題に関連付けて情報発信するのです。そうすれば下りのエスカレーターに乗っているかのようにきわめてスムーズにマスコミ露出が実現します。あっけないくらいです。

私の手掛けた事例では、「合食」で前年比４４０％の売上を達成した、女性向けの素材菓子商品シリーズがあります。発売当時アメリカで流行していた「ヘルシースナッキング」という

産経新聞関西版　2018年3月5日付　夕刊

食べ過ぎ防ぐ新たな食習慣

空腹満たす 良質なおやつ

彩 前線

野菜チップスやナッツなどの健康的な間食をとり、空腹による食べ過ぎや血糖値の急上昇を防ぐ新たな食習慣「ヘルシースナッキング」。これまでは間食すると太ると思われがちだったが、米国では〝健康的なおやつ〟の習慣として定着しつつある。日本でもヘルシースナッキングに着目した新商品が相次ぎ発売され、健康と美容への関心が高い女性らを中心に注目が高まっている。（石川有紀）

間食はストレス?

ヘルシースナッキングは3度の食事に良質な間食を組み合わせ、空腹による通常の食事時の食べ過ぎや血糖値の急上昇を抑え、太りにくくするという考え方。

森永製菓は特集サイトを開設。糖質の吸収を緩やかにする食物繊維や腹持ちの良いタンパク質を含む食品を間食として、1日200キロカロリー程度を目安に摂取することなどを紹介している。

2月にはヘルシースナッキングに適した新商品として、「おいしくモグモグたべるチョコ」3種（店頭想定価格138円）を発売。ドライフルーツや大豆などで食物繊維とタンパク質を5グラムずつ取れるようにした。

同社によると、オフィスで働く女性の約8割が間食をとる習慣があるという。ただ、間食は健康や美容に良くないと罪悪感を感じる人も多いことから、「ストレスなく間食できる商品を目指した」（広報担当者）という。

多様な商品登場

ヘルシースナッキングが定着し始めた米国ではスーパーなどに、ナッツやドライフルーツ、野菜チップスなどを並べた売り場が設けられている。日本でも健康を意識した間食の需要は徐々に高まっており、さまざまな商品が登場している。

カゴメが27年から販売する野菜と果物の食物繊維を含む「野菜生活100スムージー」シリーズは、砂糖や甘味料を使わず飲みごたえがあるのが特徴。29年度には前年度比5倍の94億円を売り上げた人気商品だ。

カゴメの担当者は「従来は野菜ジュースは食事と一緒に飲まれていたが、スムージーはおやつの時間帯に〝小腹満たし〟用としても売れている」と説明する。

3月にはヘルシースナッキングを意識したシリーズの新商品「カカオアーモンドMix」（同184円前後）を発売する予定という。

大手コンビニエンスストアのローソンでは近年、ナッツ類の売り上げが伸びている。同社は「酒のつまみから、健康に良いおやつとして需要が広がった」と分析。昨年には取り扱い商品数を10種程度から30種に増やし、店舗ごとに品ぞろえを拡充できるようにした。

栄養素の補給にも

水産加工食品などの製造販売を手がける合食《ごうしょく》（神戸市）も、海産物を使った「ヘルシースナッキング」シリーズを販売している。

商品化のきっかけは、女性モニターから寄せられた「ダイエット中にスルメを食べる」との声だった。

現在はシリーズとして、スルメを干し上げて薄く伸ばし、食べやすく一口サイズにカットした「カムカムするめスティック」（同162円）や、すだち風味の「ひとくちいわしチップス」（同162円）など計10商品を展開している。

海産物を通じ、不足しがちなカルシウムやミネラルなどの栄養素も補えることから、30～40歳代の女性を中心に、「毎日カロリーを気にしながら間食していたが、積極的に食べられてうれしい」と好評という。

同社マーケティング部長の菱田裕子さんは「低カロリー、高タンパクな海産物で、日本型のヘルシースナッキングをつくりたい」と意気込む。日本人の嗜好《しこう》に合った形で、新たなおやつの習慣が広まりそうだ。

「ヘルシースナッキング」に着目した商品が増えている

商品名	メーカー	カロリー	店頭想定価格
おいしくモグモグたべるチョコ（きなこ&黒大豆）	森永製菓	161キロカロリー	138円
おいしくモグモグたべるチョコ（クランベリー&大麦シリアル）	森永製菓	155キロカロリー	138円
野菜生活100スムージー カカオアーモンドMix	カゴメ	134キロカロリー	184円前後
甘酒風いりこと黒大豆	合食	72キロカロリー	216円
サクッとこりっ赤いなつめチップ	合食	53キロカロリー	216円
ひとくちいわしチップス（すだち風味）	合食	57キロカロリー	162円

合食が販売する「ヘルシースナッキング」シリーズ（沢野貴信撮影）

新しい食習慣向けに開発・販売しました。

「ヘルシースナッキング」とは、適切な量の間食を食べることが食後の血糖値急上昇を抑え、ダイエットにも良いという食習慣です。スーパーモデルのミランダ・カーが実践していたため、日本でも話題になりました。ロッテ、森永、ファミリーマート、ナチュラルローソンなど、一時大手菓子メーカー、大手コンビニが競って新商品を投入しました。

「ヘルシースナッキング」の食習慣がトレンドになったおかげで、「合食」の新商品も、新聞やテレビに取り上げられ、売上拡大につながりました。

（注）記事中のカゴメ『野菜生活100スムージー』シリーズの「カカオアーモンドMｉｘ」および、森永製菓『おいしくもぐもぐ食べるチョコ3種』は、現在は終売となっています。

季節性というのも、マスコミに取り上げられるネタの定番です。

お正月、初詣、成人式、節分、バレンタインデーと続く季節の風物詩や催事は、時期が来ると必ず取り上げられます。

季節性にからめてユニークな情報発信ができれば、マスコミ露出確率は確実にアップします。「オンライン初詣」や「オンラインおみくじ」など、時流性と合わせてネタを創り、新しもの好きのマスコミ記者が飛びついてくれた例は数多く見受けられます。

記念日というのも、よく見かける手法です。法定の記念日に加え、日本記念日協会に登録されたものがあります（64ページ参照）。

たとえば、6月4日の「虫歯の日」、10月10日の「目の愛護デー」、11月22日の「いい夫婦の日」などです。それぞれの記念日のタイミングで関連したネタを情報提供すれば、取り上げてもらえる確率が高まります。

(3) Social（社会性・公共性）

社会性とは、社会的な問題・課題に関連しているということです。先ほどの時流性にもあてはまるものが多いですが、ＳＤＧｓ、脱炭素、ＬＧＢＴなどは、特に社会性の強いネタです。

私の事例でも「オンライン診療」や「医療施設への寄付」などは、初めて情報を入手した時点で「これは間違いなく掲載される」と確信できました。

そのくらい「社会性」ネタは強いのです。

なぜなら、記者たちは「自分たちは社会の公器であり、オピニオンリーダーでもある。世の中に社会的な課題を提起し、その解決を促すことが使命だ」という意識を強く持っているからです。

私の事例では、「日の出医療福祉グループ」の介護事業所における「子連れ勤務」の事例があります。「介護の人材不足」「待機児童問題」という社会的課題を一挙に解決する取組みとして記者の関心を惹き、プレスリリースを送付してすぐに取材が決まりました。子どもたちが利用者様や他の職員に可愛がられ、施設全体が明るく活気に満ちていたことが記者の心に響いたのでしょう、かなり大きな記事になりました。

公共性とは、社会性と似通っていますが、特に多いのは行政など公共的な組織や団体が関係している場合です。地方自治体や農協、商工会議所などの公的な組織・団体と関連づけると、マスコミに露出されやすくなります。「東京都後援」とか「さいたま市協力」などの名義を取ってイベントをするとか、「おおやけ」のお墨付きをもらうことは極めて有効です。「お上」のやることは民間に大きな影響を及ぼすので、マスコミが注目しているからです。

(4) Drama（ドラマ性・人間性）

ドラマ性とは、志を立て、失敗や成功を繰り返しながら、夢や理想の実現のために奮闘している物語性のことです。

テレビの「情熱大陸」「プロフェッショナル」「カンブリア宮殿」を思い浮かべてください。記者は人間の血と汗と涙が満載の大逆転の人間ドラマが大好きです。

「オンライン診療」も「オンライン居酒屋」も、それだけでもマスコミに取り上げられると思います。でもそこに「オンライン診療のしくみを確立するまでの試行錯誤」「オンライン居酒屋を始めるまでの飲食店の苦境、常連さんの応援、オンライン居酒屋成功のポイント」といった周辺の物語やドラマも合わせてプレスリリースすれば、取り上げられる時間の長さやスペースを拡大することができます。

逆にその要素が無ければ掲載されないかもしれません。「オンライン診療」「オンライン居酒

読売新聞　関西版　2015年６月２日付　朝刊

（第３種郵便物認可）　　2015年（平成27年）6月2日（火曜日）

家飲みワイン 絶品お供

チーズ、肉など活用７種

週刊経済

神戸・合食

神戸市兵庫区の水産加工食品メーカー「合食《ごうしょく》」が、今春から売り出しているワイン向けのおつまみ「ラミ・デュ・ヴァン」シリーズが好評だ。ドライフルーツや魚介、食肉、チーズなどを使った全7種。ワインの「家飲み」の人気に合わせた自信作に、担当者は「ワインライフをより豊かにする逸品になるとうれしい」と期待を寄せている。（西井遼）

昨年1月、市内で開かれたワインフェアで、マスターソムリエの高野豊さんと同社の幹部が偶然に出会った際、高野さんが「市場のおつまみとワインが合わない」と漏らしたのが開発のきっかけ。確かに同社のおつまみも、それまでしょうゆやみりん、米酢などを用いた日本酒や焼酎に合うものばかりだった。

高野さんの全面監修を受けて開発した新商品は①完熟枝付き干しぶどう②ガーリックバター風味の焼ほたて③ワイン仕立て黒胡椒《こしょう》サラミ④スルメスティック⑤いかスモーク⑥焼きチーズ&チョリソ⑦チーズ&レーズン――の7種。

ただ、開発部に経験がない味付けばかりで、道のりは険しかった。昨夏に本格始動して以来、商品化までの半年強はひたすら試作の日々。マーケティング室長の中島史朗さん(56)は「この道一筋でやって来たので、従来のおつまみづくりから頭を切り替えるのが難しかった」と振り返る。ガーリックやバジル、オリーブオイルにワインエキス―。畑違いの仕事と言えるほどの変化に、社員全員で食らいついた。

その結果、「胸を張って出せるレベルに達した」と中島さん。特におすすめは、カリカリのチーズとジューシーなレーズンの組み合わせと、バジルの香りの効いた焼ほたてという。1袋350円（税別）とややぜいたくな値段設定だが、消費者からは「本格的な味」との声が既に寄せられているという。黒と金を基調にした豪華なパッケージも自信作の表れだ。「1ランク上のおつまみで、自分へのちょっとしたご褒美にいかが」

「ラミ・デュ・ヴァン」は全国のコンビニやスーパーで販売中。赤と白のどちらのワインに合うかが分かるようパッケージにデザインされているが、今後はどんな銘柄に合うかを、ホームページ上で提案する予定。問い合わせは同社（0120・514・549）へ。

「ワインを家で飲む楽しみが増えるはず」と提案された、合食の「ラミ・デュ・ヴァン」シリーズの商品（神戸市兵庫区で）

読売新聞は地域経済を応援します

屋」いずれもそれほど珍しいことではありません。他でもやっていることです。しかし、このドラマだけは、そのクリニック、その居酒屋だけの独自ネタなのです。記者が共感・感動してくれるのはここです。

私の事例（前ページ）では、「合食」で「ワインに合うおつまみ」をプレスリリースして、主要5紙と日経MJに報道連鎖したことがありました。マスターソムリエ（日本ソムリエ協会が認定する最高の栄誉）の高野豊氏と、合食・食品事業部長が神戸の某スーパーのワイン売場で初めて出会ったのが商品開発のキッカケでした。ふたりは「日本のおつまみの味付けは日本酒や焼酎向けになっていて、ワインに合うおつまみがない」と意気投合しました。高野氏監修のもと、みりんや酢の代わりにビネガーを使用するなど調味料を一から見直し、何度も何度も試作を重ねようやくOKをもらい完成に至りました。

この「失敗の連続↓逆転で成功」という「ドラマ性」のあるエピソードがG新聞記者の関心を惹き、記事にも取り上げられました。

私の別の事例では、ベリーダンスのアーティスト・森昭子さんのプレスリリースをお手伝いし、読売新聞に取り上げられた例があります。彦根の千代神社や池田の久安寺でのパフォーマンスの取材を依頼したのですが、むしろ彼女のドラマティックな半生が記者の心を捉え、掲載に結びつきました。

彼女は、明るく綺麗で輝いていた憧れの母が、病魔に侵され姿が変わり亡くなったことが受け入れられずにいました。そんな時ダンスに出会い、踊っていると生きている実感が得られ、周りにもエネルギーを与えられる存在になったのです。彼女は、人生で何か悩みにぶつかっている人に、愛のエネルギーを降り注ぎ、温かさと輝きのある人生を送ってほしいという想いを綴り、お手紙プレスリリースを送ったところ、取材依頼が飛び込んできました。「挫折↓出会い↓成功↓ビジョン」というドラマ性が記者の心を突き動かしたのです。

(5) Known（著名性）

著名性の代表的なものは、芸能人や著名な識者、有名企業と関連したネタです。芸能人があなたの会社のイベントに出演してくれたり、有名企業とコラボできたりすると、それだけで大きな記事になります。冷酷な言い方に聞こえるかもしれませんが、マスコミは無名のあなたの会社には基本興味ありませんが、芸能人や有名企業のネタは社会的な影響が大きいので、取り上げないわけにはいかないのです。

ですから、マスコミに露出されてもあくまで芸能人や有名企業が「主」であなたは「従」という扱いになります。むしろその方がいいのです。著名人の信用を借りることができるからで

大阪日日新聞　2021年2月1日

東京から歌で慰問する八代さん（右）と立ち会いの日の出グループ大西奉文副代表。左はネット配信の歌を楽しむ「サンホームみかづき」の利用者（提供）

八代亜紀さんネット慰問

広域

お年寄り3千人「舟唄」口ずさみ

日の出医療福祉グループ

歌手の八代亜紀さん(70)が、兵庫県内を中心に医療・介護福祉施設を展開する「日の出医療福祉グループ」（本部・加古川市）の施設68カ所を利用する約3千人を対象に、動画投稿サイト・ユーチューブの限定公開機能を使った特別限定ライブを録画で配信した。（畑山博史）

特別養護老人ホーム「サンホームあまがさき」（尼崎市）をはじめ、各施設の利用者はテレビ画面と結んだライブを楽しみにしており、拍手や手拍子とともに観覧。八代さんが大ヒット曲「舟唄《ふなうた》」を歌うのに合わせて歌詞を口ずさむ一幕もあった。

新型コロナウイルス感染拡大で緊急事態宣言が出され、家族とも面会がままならずストレスが蓄積する利用者に「何かできないか」と考えた大西壮司代表理事らが、これまでにも交流のあった八代さんに依頼して実現した。

昨年末に東京の音楽スタジオで収録したが、当日はスタジオにいる八代さんがオンラインでつないだ特別養護老人ホーム「サンホームみかづき」（佐用町）の利用者と「お元気ですか？皆さん、普段は何をされていますか」などと、ネット上での会話を楽しんだ様子も収録され、一緒に放映された。

「舟唄」以外にも「おんな港町」「もう一度逢いたい」など、利用者がよく知る自身のヒット曲を熱唱した八代さん。以前にも介護施設利用者向けに歌を披露した経験があることから、「私の歌で少しでもお役に立てるのなら」とお年寄りらとの交流を楽しみ、「私たち歌手もコロナでたくさんのステージが中止になり、お客さまと会えず心を痛めている。早く平穏な日々が戻ってほしい」と願いを込めた。

す。小さくてもマスコミに出るメリットは大きいです。「コバンザメ商法」でガッチリマスコミ露出を獲得しましょう。

私の事例では、「日の出医療福祉グループ」で、歌手の八代亜紀さんが介護施設のおじいちゃんおばあちゃん向けにオンラインライブをしてくださったケースがあります。

それは「新型コロナウイルス感染拡大の影響で家族とも会えない施設の利用者様に少しでも癒しを届けたい」と八代亜紀さんに依頼し、快諾いただいて実現しました。案の定、八代亜紀さんのインパクトは強力で、新聞に大きく出たほか、テレビ番組でも二度放送されました。残念ながら予想通り「日の出医療福祉グループ」の施設名はそれほど大きく取り上げてもらえませんでしたが、グループ内外で大きな反響を得ることができました。

⑹ Local（地域性）

地域性の代表的なものは、地域の特産物、地場産業、地方自治体、地元の有名大学などと関連した地域おこしにつながるトピックスです。

事例としては、「日の出医療福祉グループ」人事・教育部の大西恵理子係長が登壇した兵庫県加古川市主催のセミナー」が地元の神戸新聞東播版に掲載されたものがあります。小さな記事ですが、市主催の公共的なセミナーということもあり、運営者の播磨エリア最大級の就職情

神戸新聞東播版　2021年５月17日付　朝刊

企業の採用担当者対象
オンラインで
20日、講演会
加古川

加古川市は20日午後1～4時、企業の採用担当者を対象に「サマーインターンシップ攻略セミナー」をオンラインで開く。

ビデオ会議アプリ「Zoom（ズーム）」を使い、一般社団法人「日の出医療福祉グループ」（加古川市）の採用責任者大西恵理子さんが、自身が手掛けたインターンシップの具体例などを基に講演する。

無料。定員100人で、19日午後6時締め切り。申し込みは、播磨地域の就職情報サイト「はりまっち」を運営するダイネンヒューマンプラス☎079・281・3911

報サイト「はりまっち」様がプレスリリースして即掲載が決定しました。

(7) Merit（実利性）

実利性の代表的なものは、視聴者・読者プレゼントです。マスコミもお客様である視聴者・読者を大切にしています。定期的に何らかの特典を提供しています。ここに商品・サービスを提供すれば話は早いです。「困った時の読者プレゼント」は広報PRの定番です。小さなスペースですが、意外に読まれています。これをキッカケに自社商品のファンを開拓できるなら、10個や20個の商品提供は安いものです。ぜひ、トライしてください。

「毎日が発見」 2018年4月号

E

「おいしい減塩」おつまみラインアップを強化

Present 10名

独自の製法で、おいしさと減塩を両立する「合食《ごうしょく》」の「おいしい減塩」おつまみシリーズに、新商品が加わりました。ヘルシーなおやつとして根強い支持のある「茎わかめ」です。これを記念して、人気商品の「くんさき」「いかの姿あげ」「ソースカツ」「ビーフジャーキー」をセットで10名の方に。

おいしい減塩
(写真右上から)
茎わかめ 46g／オープン価格
くんさき 54g／オープン価格
いかの姿あげ 5枚／オープン価格
ソースカツ 4枚／オープン価格
ビーフジャーキー
25g／オープン価格
問 0120-514-549
(合食お客様相談室)

私の事例では、「合食」の仕事で「減塩でもおいしいおつまみ商品」を「読者プレゼント」狙いで健康雑誌にアプローチし、即決で5誌に掲載されました。中には編集長はじめ担当者の皆様5名総出で出迎えてくれた雑誌社もありました。

マスコミにこのときほど歓迎された記憶は他にありません。それまでは時には「自社商品の押し売り＝広告するために来た広報担当者」と冷ややかな目で見られ、多忙な記者に興味を持ってもらえなかったことが多かったので驚きました。このとき私は、マスコミが欲しがる情報を提供すれば歓迎されるということを身をもって体感したのです。

そこで私は最も大切なことを学びました。今までマスコミに相手にされなかったのは、自社商品の押し売り＝広告をしていたからでした。マスコミが求めていない情報つまり、読者・視聴者が求めていない情報を提供しても取材されるわけがありません。私はそのことにようやく気づき、それ以降の露出率の飛躍的拡大に結び付けていきました。

商品とメディアのターゲットが合致していれば、その情報を求めているマスコミから歓迎され（この場合は高血圧の中高年男性）、あっけないほど簡単にマスコミに露出されます。ぜひ狙ってください。

3．やってはいけない「鉄の掟」とは

「マスコミが欲しくなるネタ・7つの条件」をお伝えしてきました。ところが、仮にこの条件を満たしたとしても、これをやってしまうと決して掲載されないという「鉄の掟」があります。

それは私がS新聞のM記者に言われた一言に凝縮されています。そのとき私はいつものように新商品のプレスリリースを持参し、その特長・他社との差別化ポイントを一方的に説明していました。消費者メリットやその商品を求める世の中のトレンドにはほとんど触れていなかったのです。それを聞いたM記者は、私がその後一生忘れられなくなった「掟」を教えてくれま

した。

広告するなら金をくれ

もちろん、記者は、このままの表現を口にしたわけではありません。実際には「中島さん、新聞記事で広告をするわけにはいかないんですよ。新聞には広告というスペースがあります。そんなに広告して欲しいんでしたら、お金を払って広告を出してもらえませんか？」とやんわり言われたように思います。というのもあまりの恥ずかしさによく覚えていないからです。前職の広告代理店でまさに新聞広告を売る仕事をしていましたし、それでなくても誰でも新聞に広告スペースがあることくらい知っています。

つまり、記者に言われたことは、「記事と広告が違うことくらい、広報PRの基本中の基本ですよ。それくらい覚えておいてください」ということでした。

このことは広報PRの仕事を長くやっていても、愛社精神にひきずられてついつい自社商品の宣伝をしてしまいがちですので、特に強調しておきたいと思います。そのためにもうひとつ、忘れられない私の失敗をご紹介します。

企業の宣伝部になるな

K新聞の入社3か月目の新入社員の女性記者に新商品の説明をしていたときのことです。例によって調子に乗り自社商品の広告を一方的にしゃべっていました。すると、おもむろに記者が言いました。

「中島さん、申し訳ありませんが、ウチは御社商品の広告をするわけにはいかないんです。私は新入社員で入社して経済部に配属になった初日に上司に言われたんです。

『いいか、お前は新聞記者なんだ。決して企業の宣伝部になってはいけないぞ。どうしても取材しているうちにその会社に肩入れした記事を書いてしまいがちになる。でもそれをやったらおしまいだ。それでは新聞記事ではなく広告になってしまう。このことは絶対忘れるな』」

自分の娘くらいの入社3か月目の女性社員に、広報PRのもっとも基本となる心構えを教えてもらいました。このときもあまりの恥ずかしさに思わず赤面してしまいました。彼女の一言も私が一生忘れられない宝物になりました。

自分の言いたい広告を言うな

これが、プレスリリースを書くとき、絶対にやってはいけない「鉄の掟」です。

では何を言うのか？　それは記者さんが歓迎してくれる情報、つまり「マスコミに歓迎されるネタ・７つの条件」であり、特に①Surprise②News③Socialにその背景となる④Dramaをプラスした情報なのです。すなわち、

鉄の掟「自分の言いたい『広告』ではなく、マスコミが歓迎してくれる『情報』を届ける」

「自分が言いたい『広告』」というのは、マスコミの関心事を全く考慮することなく一方的に自社の特徴を主張しているプレスリリースのことです。それではなかなかマスコミに取り上げてもらうことはできません。

一方「マスコミが歓迎してくれる『情報』」というのは彼らの関心事を研究し、その関心事にマッチするように自社の情報を加工しているプレスリリースのことです。その方がよほど取り上げてもらいやすいと思いませんか？「マスコミが歓迎してくれる情報を届ける」とは、そういうことです。

3 マスコミに歓迎されるネタを発掘する・創る

マスコミに歓迎されるネタ・7つの条件、やってはいけない「鉄の掟」は、お分かりいただけたでしょうか。

それでは、いよいよ具体的なネタの発掘・ネタ創りに入っていきます。

この本を読んでいるあなたは、既にプレスリリースしたいネタが決まっている方も多いと思います。

新商品、新サービス、新店舗、新事業、イベント、キャンペーン、あるいは自社の看板商品、主力サービス、老舗の店舗、恒例行事、地域活性化事業、社会貢献活動など、既にネタをお持ちだと思います。

もう考えているネタはあるから、早くそのネタをどうプレスリリースに書けばいいのか教えてくれ、ネタ創りの話は要らない、そう思っておられると思います。

ちょっと待ってください。もしかして皆さんは一回だけマスコミに出ればいいと思っているのですか？ もしそうなら、その考えはあらためていただかなければいけません。

私は皆さんに一回だけではなく、何回もマスコミに出ていただきたいと考えています。そして、一発花火のブームで終わるのではなく、半永久的に売れ続けるしくみを完成させていただきたいと思っています。

そうなると、一回や二回くらいのネタでは全然ネタが足りません。どんどんネタを発掘し創っていかなければ、ネタはすぐに枯渇してしまいます。

これからそのネタの発掘方法・創り方をお伝えしていきたいと思います。

1．ネタを発掘する方法

自社の強み・長所・差別化ポイントを思いつくままできるだけ数多く書き出してみてください。と言っても何の手掛かりもなければ考えにくいと思いますので、見つけるための切り口をお伝えします。

(1) 経営者・社員などの人ネタ

経営者が一番の名物社員、そんな中小企業は多いのではないでしょうか？　一代で会社を立上げて大きくした創業経営者。時代に適応し会社を発展させた二代目、三代目。歴史と伝統に新風を吹き込んだ中興の祖、第二の創業を断行した革命的経営者。いろんなタイプがいると思いますが、経営者が先頭に立って会社の顔になることは、社員全員のモチベーションアップにもつながります。

会社の製造技術面を引っ張る熟練技術者、研究開発をリードする製品開発者、会社の売上の屋台骨を支えるトップ営業マンなど、会社の宝物がいるはずです。その方たちを取り上げてみませんか？　話を聞いてみると、今まで全然知らなかったその人のすごさが見えてくるかもしれませんよ。

私がお手伝いした会社でも、百分の一ミリ精度で金属難削材を複雑形状に切削加工できる熟練技術者がいました。業界で初めて海外工場を建設して一気に売上を拡大した塗装会社の社長もいました。プラスチック成形の金型製作技術では大阪NO1の技術者社長もいました。

なかなかそこまでの社員はいないかもしれませんが、意外なことで有名な名物社員とかいませんか？　ボランティアで地域のリーダーをやっているとか、仕事には役に立たない独特な特技を持っていて会社の人気者になっているとか、そんなことでもマスコミに取り上げられる可能性があります。

彼らのライフストーリー、社長の創業物語や技術者の修業時代、商品開発秘話や営業苦労話などのドラマがマスコミを惹き付けるネタになるのです。(76ページ参照)

(2) 特許・技術・研究・受賞などの企業ネタ

貴社ならではの特許はありませんか。独自の技術はありませんか？　ユニークな研究をしていませんか？　どんな小さな賞でも何らかの受賞歴はありませんか？

社内にいるとなかなか気づかないのですが、業界では当たり前でも社外のマスコミから見たら驚くようなことが少なくありません。

私がお手伝いした会社でも、高難度塗装では日本有数の塗装会社もありました。特殊なプラスチック成形分野で日本一の技術を持つ会社もありました。

日本一とか東京一レベルの技術を持っている会社は少ないかもしれません。しかし、印刷会社で紙の断裁技術には絶対の自信があるとか、チラシの商品写真の切抜技術ではどこにも負けないとか、何か貴社がお客様から選ばれている理由があるはずです。あらためて洗い出してみてください。

山見先生によれば、キーワードは「小」と「狭」。これと「地域」「業種」「分野」を組み合わせて考えてみてください。日本一はムリでも兵庫県でベスト3、水産業で一番でなくても業務用イカなら一番など小さな狭い範囲で考えていけば何かあてはまるものが見つかるでしょう。

(3)　協力会社・ネットワークなどの関係ネタ

大阪の中小企業が団結してロケット打ち上げに協力した「まいど1号」はマスコミに大きく取り上げられました。

私がお手伝いした会社でも、先ほどご紹介した塗装会社は、自社が発起人となって新たに業界組織を設立し、業界全体の発展を推進しています。特殊なプラスチック成形会社はある業界団体とのネットワークを構築し、その業界の製品需要を一手に受注しています。

業界全体に広がるネットワークでなくても、長年築いた販売代理店網があるとか、同業他社同士で繁忙期にさばき切れない受注をお互いに融通し合う「ヨコ請け」ネットワークがあるとか、そんな当たり前と思っていることでも、やり方によってはマスコミに取り上げられる可能性があります。思いつくものを全部棚卸してみてください。

(4) 機械・工場・原材料などのモノネタ

私がお手伝いした印刷会社では、日本でも一台しかない特殊な折り加工機を稼働させていました。金属加工会社では同業他社を圧倒する豊富な機械設備により顧客の無理難題に対応していました。自然派化粧品の会社では世界初の原材料で肌と環境に優しい製品を製造販売していました。

東京で1台しかない機械や関東で初めての工場、全国的にも珍しい原材料など、貴社ならではの資産はないでしょうか？　どんな小さなことでも切り口次第ではマスコミに取り上げられる可能性があります。

廃棄物や騒音を出さない機械や工場、リサイクルできる原材料など、ＳＤＧｓというトレンドを切り口にすれば、マスコミにアピールできるかもしれません。

(5) 経営・人事・行事などの経営ネタ

サイボウズの「働く場所・時間を選択できるウルトラワーク制度」とか、ロート製薬の「副業解禁」とか、サイバーエージェントの女性活躍を促進する制度「macalon」のように、経営や人事・行事で他社にない制度はありませんか？

中小企業であれば、一般社員も経営会議に参加したり、女性社員のアイデアが普通に採用されたり、休暇制度も臨機応変だったり、社内旅行や懇親会でユニークなことをしているのではありませんか？

そんなことがマスコミのネタになるのかと思うようなことでも、一度書き出してみてください。記者に言ってみると意外に面白がってくれますよ。

(6) 他社・異業種とのコラボレーションネタ

私がお手伝いした「いしい特許事務所」は、業務の性格上、多種多様な顧客企業との接点をもとに、異業種ネットワーク「いしい丸」（代表・藤井尊久氏 06-6353-3504）を立ち上げ、共同で展示会に出展するなど、コラボレーションを推進しています。
ネットワーク参加企業がお互いの強みを活かし共同受注に成功するなど実績を上げ、業界紙にも取り上げられました。
中小企業が、一社だけではできないことをコラボレーションで実現する、こんなネタは記者の大好物です。ぜひプレスリリースしてみてください。

前述した「日の出医療福祉グループ」の「子連れ勤務」は「ネタを発掘した」良い例です。マスコミに掲載される7年前から制度があり利用もされていたのですが、誰もマスコミにプレスリリースするという発想がありませんでした。私が指導していた広報担当者がこの人事制度が**③の Social・⑥の Local** にあてはまると直感し、プレスリリースして即掲載になりました。

以上はある程度社員もいる中小企業の場合です。社員が少ない小さな会社や個人事業主の場合はアレンジして以下のような項目で考えてみてください。

(1) 代表の職歴・学歴・趣味・特技など

私がお手伝いしてきた方々は多士済々です。ベリーダンスのダンサー、色えんぴつアーティスト、理学療法士、カイロプラクターなどです。その道におけるこれまでの経歴はすべてマスコミにアピールするネタになります。

(2) 代表の資格・免許・受賞など

日本でも数少ない公的な資格・免許の保有者や、数々の権威ある賞の受賞者もいます。個人事業主であるあなたの専門性のエビデンス（客観的証拠）になりますので、必ずアピールしましょう。

(3) 代表の人脈・ネットワークなど

著名人との人脈はもちろん、大学や地方自治体、地元の商工会議所やライオンズクラブなど公的な組織とのネットワークは、個人事業主の信頼性・権威性をマスコミに印象付けるネタになります。

(4) 代表のノウハウ・スキルなど

専門的なノウハウ・スキルは必須です。このとき注意すべきことは、できるだけ専門用語を使わず、誰にでもわかりやすく説明することです。素人にも分かるように伝えなければ、あなたのすごさは「素人代表」であるマスコミの記者には理解してもらえません。

(5) 代表の経営理念・ビジョンなど

あなたがその仕事を始め、やり続けている理由、その仕事によって実現したい理想・夢・ビジョンがあると思います。

ユニクロの理念は「本当に良い服を着る喜び、幸せ、満足を提供する」、Googleの理念は「世界中の情報を整理し、世界中の人がアクセスできて使えるようにする」、ソフトバンクの理念は「情報革命で人々を幸せに」です。

あなたの会社の存在意義、選ばれる理由、実現したい世の中を、これを機会に再確認してみてください。

2. ネタを創る方法

ネタを発掘してみたがもう出ないという場合は、ネタをゼロから創りましょう。なければ創っちゃえばいいんです。と言っても、ウソをでっち上げるのではありません。アイデア・企画を創り出していきましょう。

(1) 新商品・新サービス・新事業・新店舗

(2) イベント・キャンペーン

本業ど真ん中でネタを創る、これが基本です。業種業態によっては、簡単に新商品や新サービスはできません。イベントやキャンペーンも大掛かりなものは準備期間が必要です。時間をかけ、ぜひ継続的に取り組んでください。企業成長の原動力になりますので。

(3) 募集もの（コンテスト・コンクール）

キャンペーンの一種ですが、比較的取り組みやすいかもしれません。有名な例で言えば、「今年の漢字」とか「流行語大賞」、「サラリーマン川柳」がすぐ思い浮かびます。すべて企業のキャンペーンです。

地方の中小企業でもこの手のコンテスト・コンクールを小規模で実施しています。地域密着型企業であれば全国キャンペーンにしなくても地域限定で実施してもかまいません。届けたいターゲットに伝わることが大切です。

先日もある痔薬のメーカーの「スッキリ川柳コンテスト」が地元の新聞に載っていました。地元でしか話題になっていないと思いますが、マスコミに掲載され効果が上がったと思います。

(4) ギネスに挑戦

ギネスに挑戦するなんて考えたことも無かったと思いますが、実は誰でも挑戦できます。個人申請であれば（時間はかかりますが）無料で申請から認定まで行うことも可能です。法人申請は「ギネスワールドレコーズジャパン株式会社」にコンサルティングフィー、公式認定員を呼ぶ場合はその費用なども含め、350万円くらいかかる場合もあるそうです。個人で申請した方がお得ですね。詳しくはhttps://www.guinnessworldrecords.jpでご確認ください。

(5) 記念日作戦

皆さん驚かれますが「○○の日」という自社独自の記念日を誰でも申請・登録できます。イベントやキャンペーンをやれば、毎年ネタにすることができます。11月22日＝いい夫婦の日は有名ですね。日本記念日協会（TEL 0267-68-2465）に申請して審査の結果、合格すれば記念日として登録されます。登録料は1件15万円です。この金額なら個人事業主でもトライできますね。

私の知人も失語症という病気の啓蒙のため、4月25日を「失語症の日」として登録し、狙い通り新聞に取り上げられました。

独自に申請しなくても、自分の業界や商品の記念日が既にあるかもしれません。もしあればそれに便乗してネタを創りましょう。マスコミが『あなたのネタを今取り上げる理由』ができます。何のキッカケもなく商品の売り込みをしても、マスコミにとっては今それを取り上げる理由がありません。それがなければ、マスコミはあなたの押し売りに付き合ってはくれません。今取り上げるべき必然性を作ってください。

なぜ今取り上げないといけないのか

(6) 地域の行事・イベント

5の記念日作戦と同じ考え方で、地域の行事・イベントにからめてキャンペーンやイベントを実施しプレスリリースする手法も、地元の新聞やテレビのローカルニュースを狙うには有効です。

関西であれば祇園祭や天神祭、神戸まつり、岸和田のだんじりなどの祭り、神戸ルミナリエや大阪・光の饗宴などに合わせてユニークなキャンペーンをすれば、地元メディアに歓迎されます。

尼崎信用金庫は毎年「がんばれ阪神タイガース定期預金」を発売し、マスコミも地域の年中行事のように必ず取り上げています。すっかり地域の名物イベントになっています。

おそらく阪神タイガースが勝ち進み優勝すれば、「阪神タイガース優勝記念商品」を発売すると思われ、そうなれば全国ニュースに取り上げられる可能性も出てきます。インターネットで受付すれば、全国の阪神ファンから申込が殺到するかもしれません。そうなれば、まず地域のブランドになり、地域発で全国ブランドになるという、本書が推奨する〝出世魚パターン〟を地で行くことになります。

(7) アンケート調査

少々費用はかかりますが、本業に関係あるテーマでマスコミが興味を持ちそうな調査を実施し、調査結果に独自の分析を加えプレスリリースするという手法もあります。

ナリス化粧品は「外出自粛で女性の4割がコロナ太り」という調査結果をプレスリリースし、全国のマスコミで取り上げられました。「調査リリース」のお手本ですね。

ネットエイジア（株）は企業の調査結果の分析に基づいて調査レポートとプレスリリースを作成しマスコミに配信して露出を図る仕組みを構築しています。

(8) ランキング

マスコミはランキングが大好きです。毎週ＳＮＳの話題ランキングが放送されています。映画や音楽、書籍のランキングも毎週発表されています。毎年マイナビから発表される「就職人気度ランキング」も定番となっています。あなたの会社も調査などの方法を使って何かのランキングを作成し、プレスリリースできませんか？　あるいは何かのランキングを目指して応募し、ランクインしたらそれをプレスリリースしませんか？

サカイ引越センターのように、顧客満足度業界NO1を目指すという手もありますね。

(9) 工場見学会

製造業の方は、近年一種のブームとなっている工場見学会はいかがでしょうか？　親子で招待してあなたの会社のファンをつくりませんか？　子どもたちが工場見学会をキッカケに将来入社してくれるかもしれません。コロナの今なら「オンライン」でもいいですね。

単に顧客に見せるだけではそれほどニュースバリューがありませんからマスコミも取り上げてくれません。でも、子どもたちに対象を絞り、夏休み特別企画として、子どもたちが喜ぶ体験やプレゼントを準備し「自由研究に役立つ工場見学会」として情報発信すれば、マスコミ受けは間違いないと思います。

⑽　セミナー・講演会

製造業でなくても、専門的な知識をわかりやすく伝えるセミナーや講演会はいかがでしょう？　少なくとも業界・専門紙誌には掲載されます。そこから商談に誘導することはむずかしくないと思います。「オンライン展示会」にすれば気軽に参加してもらえます。

⑾　社会貢献

ささやかでもＳＤＧｓや地域貢献につながるような社会貢献を行った場合には、恥ずかしがらずにプレスリリースしてみましょう。自慢ではなく淡々と報告すればよいと思います。（ここがポイントですが）できる範囲で今後サポートが欲しい企業や個人を支援することとし、希望者を募りましょう。マスコミは必ず取り上げてくれます。無理のない範囲でやればよいと思います。できるだけ世の中の役に立ちたいという姿勢、会社の強い意志が大切です。

3．そのネタは歓迎されるか？

実際にネタを発掘する・創るときは、必ず最終的に「マスコミが歓迎してくれるネタ・7つの条件」にあてはまるようにアレンジしてください。

まず、発掘した・創ったネタが「マスコミが歓迎してくれるネタ・7つの条件」にあてはまるかどうかチェックしてください。できれば、遠慮なく厳しい意見を言ってくれる家族や友人に聞いてみるのがいいでしょう。

①Surprise があるか？
②News 性がある旬の話題か？
③Social な社会的課題に関するものか？
④Drama があるか？
⑤Known 著名な人や会社が関係しているか
⑥Local 地域で注目されそうか？
⑦Merit 読者・視聴者メリットはあるか？

どれにもあてはまらないなら、ネタを練り直すか諦めた方がいいと思います。何度も言いますが、元ネタがダメなら、いくら化粧して着飾ってもダメです。ニュース価値（報道する価値）がないネタは、どんなにタイトルを工夫し写真や図表を活用して見栄え良く仕上げても、決して採用されることはありません。逆にどんなに見栄えが悪くても強いファクト（客観的事実）があれば即採用されます。記者にごまかしはききません。①読者に役立つか②本当かどうか、ネタを見抜くこの2つの目は確かです。

もちろんせっかく発掘した・創ったネタですから、諦める前に切り口を変えて7つの条件にあてはまるようにアレンジしてみてください。

① 他にはない意外な点はないか？

② トレンドになっているトピックスに関連づけることはできないか？

※この項目では、アステリア株式会社 執行役員 コミュニケーション 本部長 長沼史宏氏の「広報勉強会@イフラボ」講義内容を参考にさせていただきました。

前述した「オンライン」「テレワーク」「巣ごもり消費」「SDGｓ」「働き方改革」「デジタル」「脱炭素」などにからめると注目されやすくなります。

あらかじめ分かっている季節イベントに関連づけることはできないか？

マスコミは毎年必ず季節イベントネタを追いかけます。そこに例年と一味違ったユニークな話題を提供できれば露出可能性は高まります。

前に触れた「いい夫婦の日（11月22日）」のような「記念日」を調べ、自社に関係するものに合わせてネタを創ることも検討してください。

〈毎年恒例のイベント〉

1月	お正月、箱根駅伝、成人の日、大学入試共通テスト
2月	節分、バレンタインデー
3月	ひな祭り、ホワイトデー、春分の日、春休み、Ｊリーグ・プロ野球開幕、桜の季節
4月	入社式・入学式、昭和の日、ＧＷ
5月	憲法記念日、みどりの日、こどもの日、母の日、ゴミゼロの日（5月30日）
6月	父の日、梅雨
7月	米独立記念日、仏パリ祭、祇園祭、お中元、海の日、夏休み
8月	山の日、夏の高校野球、終戦記念日
9月	防災の日、敬老の日、秋分の日
10月	赤い羽根募金、読書週間、ハロウイン
11月	文化の日、いい夫婦の日、勤労感謝の日、紅葉シーズン
12月	お歳暮、忘年会、クリスマス

〈2021年のイベント予定〉

1月	米大統領就任
2月	トヨタの「ウーブン・シティ」着工
3月	東日本大震災10年
4月	終電の繰り上げ、同一労働同一賃金を中小企業含めて全面施行
5月	コミックマーケット開催
6月	HACCP 完全義務化
7月	東京オリンピック開催
8月	東京パラリンピック開催
9月	ラグビーワールドカップ NZ 大会
10月	衆議院議員総選挙
11月	国連気候変動枠組み条約締結国会議
12月	太平洋戦争・真珠湾攻撃80年

今年予定されているイベントに関連させるのも良い作戦です。

ご参考までに、トレンドの見つけ方についても付記しておきます。

基本はふだんから新聞、テレビ、ネットニュースをこまめにチェックし、最新の情報に接触しておくことです。

1日には24時間しかありませんから、手っ取り早くトレンドを掴む方法をご紹介します。

私が必ずチェックしているのは、「日経ＭＪのヒット商品番付」です。半期ごとに日経ＭＪ本紙に掲載されます。これを見れば世の中のトレンドが一目瞭然です。もちろんネットで検索できます。

「日経トレンディのヒット商品ベスト30とヒット予測１００」も要チェックです。こちらもネットで検索できます。

「日経ビジネス」「週刊東洋経済」「週刊エコノミスト」「週刊ダイヤモンド」「プレジデント」などのビジネス雑誌は毎年必ずその年の予測を特集します。全部読む必要はありませんが、どれかチェックすると経済・政治・社会のトレンドが分かります。年末年始にはシンクタンクなど各種機関から前年の総括と新年の予測が発表されます。自業界に関連するところは必ずチェックしてください。

２０２１年9月現在のトレンドキーワードを列挙します。

・オンライン　・テレワーク　・ワーケーション　・オンライン診療　・巣ごもり需要
・キャンプ　・D2C　・非接触　・デジタル　・GIGAスクール　・ロボット
・AI　・VR　・ドローン　・ICT　・SDGs　・脱炭素（地球温暖化・気候変動）
・エシカル消費　・ビーガン　・循環型経済（サーキュラーエコノミー）
・アップサイクル　・サブスクリプション　・シェアリングエコノミー　・電気自動車
・働き方改革　・副業　・LGBTQ　・地方の時代

などです。

キーワードを常に意識して、自社で関連づけられるネタがないか、あるいは自社に関連づけてネタを創れないか、考える癖をつけてください。

GOOGLEトレンドやツイッターのトレンドランキングを見れば、短期的なトレンドキーワード＝今この瞬間何が話題になっているのかわかります。活用してください。

③「社会的課題の解決」に関連づけできないか？

「SDGs」「循環型経済」「脱炭素」「「地球温暖化」はテーマが大きすぎて関連づけはむずかしいかもしれませんが、「働き方改革」「ジョブ型雇用」「副業解禁」「シニア活用」「地域活性化」「エシカル消費」「脱プラスチック」ではどうでしょう？　関連ネタを創ることはできませんか？

④　そのネタの裏側に、知られざる人間ドラマはないか？（ドラマの創り方については76ページで詳しく解説します）

⑤　著名人や有名企業とコラボできませんか？

意外に著名人や有名企業は社会的な意義に共鳴し協力してくれることが少なくありません。既にお金は持っておられますので、金銭的なメリットより社会貢献や地域貢献を強調した方がうまく行きます。そもそも予算がないので金銭的なメリットは提供できません。武器はあなたの誠意だけです。想いと志をお伝えしましょう。

⑥　地域の産業や名産・特産、地域の自治体や商工会議所、大学、有名企業などとの関係をつくれないか？

公的な組織や団体の後援・協力名義をいただく（実は簡単に申請できます）とか、産官学でコラボするとか、特に「地域おこし」に関連づけできれば、ニュースバリューは高まります。

⑦　読者・視聴者プレゼントなどのメリット提供はできないか？

前にも書きましたが、プレゼントは強力です。ターゲットが合致していれば即採用されます。

具体的な私の実例でご説明しましょう。

神戸新聞東播版　2020年5月5日付　朝刊

人材紹介会社「ジョイスリー」

除菌液を無償提供

希望の医療施設など募る

【加古川】新型コロナウイルスの感染拡大で消毒用品が品薄になる中、加古川市平岡町新在家の人材紹介会社「ジョイスリー」が、県内の医療、福祉、保育施設を対象に、除菌作用のある次亜塩素酸水の無償提供を始めた。20㍑をタンクで届けることにしており、希望する事業者を募っている。

経済産業省は次亜塩素酸水に消毒効果があるとし、市販品の代用に使えるとの調査結果を発表している。

ジョイスリーはキング醸造（稲美町）の子会社で、医療・福祉分野の人材紹介を手掛ける。次亜塩素酸水は、系列の老人ホームが持つ装置を使い生成した。

同市社会福祉協議会を通じて市内25法人への提供が決まり、このほど市社協で贈呈式があった。武中朋彦社長は市社協の山本勝理事長にタンクを手渡し、「福祉の現場で頑張っている皆さんに役立ててほしい」と話した。

効能の目安は約1週間。ジョイスリー☎0120・928・634

（広岡磨璃）

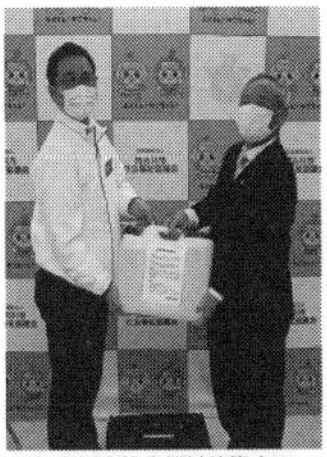

加古川市社会福祉協議会の山本勝理事長（右）に次亜塩素酸水を手渡すジョイスリーの武中朋彦社長＝加古川市加古川町寺家町

②のNews・③のSocaial・⑥のLocalに関連づけてマスコミに掲載された事例です。

「日の出医療福祉グループ」関連の人材紹介会社が、顧客である介護・医療施設が新型コロナ対策のアルコール消毒液不足で困っていると聞き、自グループで製造している次亜塩素酸水を無償提供することにしました。私は「地元の社会福祉協議会と共同で実施し、マスコミに情報提供しましょう」とお勧めし、狙い通り地元の新聞に掲載されました。

このように、今ネタがなくても、世の中の役に立つ活動をゼロから実行してネタを創り、マスコミに取り上げてもらうことができます。一見、本業の販促とは直接関係ないようですが、マスコミに取り上げられることによって自社の社会的信頼度は飛躍的に向上します。即売上に直結することはないかもしれませんが、長い目で見れば確実に貴社の売上に貢献すると思います。

少なくとも取材に来た記者とは名刺交換できます。取材後は直接記者の携帯電話に連絡し、メールアドレスにプレスリリースを送ることができます。マスコミとの人脈が広がります。

ドラマの創り方

発掘したネタ・創ったネタをパワーアップする「ドラマの創り方」です。

※この項目は、りそな総合研究所リーナルビジネス部長・藤原明氏の「リーナル式強み発掘インタビュー」を参考にして作成しました。

必勝方程式④　ドラマを引き出す5つの質問

Q1（動機、きっかけ、出会い）あなたはなぜそれをするようになったのか？　どんな出会いがあったのか？

Q2（志、想い、原点）あなたは今どんな想いで、それをやっているのか？　あなたの原点は何か？

Q３（失敗、障害、敵、克服）あなたが失敗したことは何か？　どう克服したのか？　どんな障害があったのか？　どんな敵が出てきたのか？
Q４（成功、武器、味方、勝利）あなたが成功したことは何か？　なぜ成功したのか？　どんな武器があったのか？　どんな味方がいたのか？
Q５（理想、ビジョン、あるべき姿）あなたはその活動で、どんな世の中を実現したいのか？　あなたの理想・夢・ビジョンは何か？

いかがでしょうか？　この質問をすると、たいていの方は、「いや私の人生なんてそんなドラマはない、いたって平凡な人生なので語るほどのものはない」などとおっしゃいます。でも本当にそうでしょうか。

皆さんには、皆さんの想いがあるはずです。志があるはずです。だから今の仕事をやっているはずです。初心を思い出してください。

ささやかとおっしゃるかもしれませんが、皆さんには皆さんの苦労があり、挫折があり、失敗があり、悔しさと情けなさで涙と汗を流したことがあったと思います。そしてもちろん、小さいながらも成功があり、喜びがあり、仲間と祝杯を上げた日があったと思います。それです、それが記者の心を打つのです。平板で事務的なプレスリリースだけではマスコミに取り上げられることは難しいのです。

皆さんの小さなドラマを書いてみてください。世の中の役に立つために立ち上がり、失敗や挫折を繰り返しても情熱を失わず、周囲の支援を得て成功を掴むため、苦闘しているドラマを綴ってください。

ソフトバンクの孫正義さんも、ユニクロの柳井正さんも、アップルのスティーブ・ジョブズさんも、最初から順風満帆に成長してきたわけではありません。

皆さんも今は無名の中小企業・個人事業主かもしれませんが、これから飛躍的に成長することも決して夢ではありません。世のため人のために奮闘する姿は、きっと記者の心を動かします。必ず想いは通じると思います。

一番大切なことはこれです。金儲けのためだけにやっているのであれば、マスコミに取り上げられるのは困難です。

あなたが心から世のため人のために役に立ちたいと純粋に思っているのなら、記者はきっと耳を傾けてくれます。押し売りプレスリリースを出して「あわよくばどこかのマスコミに引っ掛かってくれればいいいな」くらいの自分勝手な気持ちでいるなら、この本はお役に立てません。本気で世の中の役に立ちたいと思っている方には、必ずお役に立てると思います。

第二章

取り上げられるプレスリリースはこう書く

1 プレスリリースはいきなり書くな

1. プレスリリース作成戦略企画表

まず、お願いです。プレスリリースはすぐに書かないでください。
どうしても書きたい気持ちが先走っていきなり書き始めてしまうのですが、書いている途中でこれでいいのかよくわからなくなってしまい、記者から見ると読みにくい文章になってしまいがちなのです。
まず戦略を整理し、プレスリリースに記載したい内容を前もってまとめ、「プレスリリース作成戦略企画表」を作成してください。（この項は、広報界の大御所、山見博康先生にご指導いただきました）
「プレスリリース作成戦略企画表」を項目ごとに解説していきます。

① **戦略目的**

② **戦略目標**

プレスリリースの目的・目標は何ですか？
もしかして、マスコミに取り上げられることが目的だと思っていませんか？

プレスリリース作成戦略企画表（記入用）

項目	内容
案件名	
戦略目的	
戦略目標	
対象顧客ターゲット	
知らせたいメディア	
ニュースの価値	特徴
	差別点
具体的内容	WHO（誰が）
	TO WHOM（誰に）
	WHEN（いつ）
	WHERE（どこで）
	WHAT（何を）
	HOW（どのように） （ドラマを引き出す5つの質問③失敗） （ドラマを引き出す5つの質問④成功）
	WHY:なぜ（背景・趣旨・目的） （ドラマを引き出す5つの質問①きっかけ・動機） （ドラマを引き出す5つの質問②志・想い）
	HOW MANY（どのくらい;数量）
	HOW MUCH（いくらくらい;金額）
	HOW LONG（どのくらい;期間） ①FROM～TO～（いつからいつまで） ②BY（いつまでに）
	HOW IN THE FUTURE（今後の見通し） （ドラマを引き出す5つの質問⑤ビジョン・理想）
プレスリリース後に取るべきアクション	

そうではありませんよ。

確かに直接的な目的はそうかもしれません。でも、本当の目的はそうではありませんよね？

本当の目的は「売上拡大」「新規顧客の獲得」「既存顧客の深耕」「優秀な人材の採用」「仕入先や関係先との取引拡大」「金融機関からの資金調達」「社内の活性化」などのどれかあるいはすべて、ではないでしょうか？　ぜひそこを間違えないようにしてください。

プレスリリースをして「マスコミに取り上げられた」と喜んで安心している場合ではありません。それだと「一発花火」で終わってしまう可能性大です。あなたは一瞬売れたらそれでいいのではなく、もっと継続的に売れ続けるようにしたいと思っているはずです。

マスコミ露出を目的とするのではなく、その後の最終目的＝「継続的に売れ続けるしくみづくり」のことを常に意識しておいてください。「マスコミ露出」は決して「ゴール」ではなくむしろ「スタート」なのです。

今ある広報の書籍には、「継続的に売れ続けるしくみづくり」のことはあまり書いていません。でも本当はこれが一番大事なのです。これを考えていなかったために「一発花火」で終わってしまった会社が数多くあります。皆さんは決してそうならないでください。

「継続的に売れ続けるしくみづくり」については、第四章で詳述します。

まず、プレスリリースの「目的」を具体的に明確化してください。最優先する目的を選定してください。「売上拡大」が目的の場合と「優秀な人材の採用」が目的の場合では、露出を狙うメディアも変わってきます。

③ 対象顧客ターゲット

プレスリリースしたい商品やサービス、イベントやキャンペーンなどのターゲットは誰ですか？ できるだけきめ細かくイメージしてください。

年齢、性別、職業、年収、未婚／既婚、家族構成、住居形態、出身地、居住地域、最終学歴、趣味嗜好、価値観・こだわり、性格、休日の過ごし方など、できれば実在の人物をモデルにその人の特徴を具体的かつ詳細に書き出してください。（マーケティング用語でよく出てくる「ペルソナ」です）

④ 知らせたいメディア

ターゲットがイメージできたら、その人が接触しているメディアを列挙してください。

テレビなのか、新聞なのか、雑誌なのか、ネットなのか、ＳＮＳなのか、……

テレビなら、「あさイチ」なのか、「めざましテレビ」なのか、「ヒルナンデス」なのか、「ガイアの夜明け」なのか、「ワールドビジネスサテライト」なのか、さらにその中でも「トレンドたまご」なのか「ザ・行列」なのか、……

新聞なら、「読売新聞」や「日経新聞」のような全国紙なのか、「神奈川新聞」のような地方紙なのか、さらにその中でも狙う紙面は「経済面」なのか、「社会面」なのか、「文化面」なのか…

同じ新聞でも、「日刊工業新聞」や「日経ＭＪ」のような産業経済紙なのか、「日本食糧新聞」や「電波新聞」のような業界専門紙なのか、それとも「サンケイリビング」のようなフリーペーパーなのか、…

雑誌なら、「日経ビジネス」のようなビジネス誌なのか、「週刊現代」のような週刊誌なのか、「クロワッサン」のような女性誌なのか、「オレンジページ」のような生活実用情報誌なのか、「日経ヘルス」のような専門誌なのか……

ネットなら、ヤフーニュースなのか、ダイヤモンドオンラインなのか、……

ターゲットが接触しているメディアを突き止め、アプローチするメディアを決めましょう。

当たり前のことですが、プレスリリースは、その情報を歓迎してくれるメディアに届けてください。ターゲットが限定されている商品をＰＲするのに、「プレスリリース」を相手かまわず大量に送りつけても意味がありません。紙のムダです。

よく言われる例ですが、女性化粧品のプレスリリースを男性誌の「週刊プレイボーイ」に送っても掲載される確率はほぼゼロです。ターゲットの女性は「週刊プレイボーイ」を読んでいません。そう言うと納得してもらえるのですが、世の中にはこの例に似たことをしている広報担当者が少なくありません。

広報担当が１人だけで他の仕事も兼任している場合、50媒体も１００媒体も配布するのは困難です。

ＰＲ配信会社、具体的には@pressやPRTIMESなどを使う方法もあります。最低３万円くらいから利用できます。一気に配布メディア数を数百単位に増やしたい場合は有効です。ただ、ＰＲ配信会社はマスコミの記者やディレクターなど個人の携帯電話番号やメールアドレスは教えてくれませんので、この方法でマスコミとの人脈を築くのは無理です。もちろん予算がおありでしたら、やらないよりやった方がいいとは思います（詳しくは189ページ）。

私がおすすめするのは、取り上げてほしいメディアを30媒体くらいに絞り込み、この30媒体に対する接触頻度を上げる作戦です。いわば「量より質作戦」です。

これなら、広報担当者１人でも広報専任でなくても個人事業主でも、何とかフォローできます。ただし、現実にきめ細かくフォローできるのは、３～４社が限度です。その３～４社との接触頻度を高め、本当に仲の良いメディア人脈を構築してください。そのメディアに優先的に情報を提供してください。その活動を継続していけば、そのメディアはあなたの広報ＰＲ担当者としてのかけがえのない財産になっていきます。

⑤　ニュース価値

何が面白いのか、何が目新しいのか、何が世の中の役に立つのか、要するにそのネタはどこがニュースなのか、一言で言うと何なのか、端的に書いてください。

よく記者に言われます。

「そんなネタ、どこにでもあるじゃないですか。他とどこが違うのですか。結局何なのですか？　ニュース価値はどこにあるのですか？」

私はプレスリリースを出す前、必ず自問自答し、これでニュース価値が十分伝わるのか検証し、推敲を重ねた上で出すようにしています。

①独自の特徴は何なのか？

②他社との差別点は何なのか？

これがなければ決してマスコミに取り上げられることはありません。

⑥　記載内容＝6W5H

※この項は山見博康先生の『小さな会社の広報・ＰＲの仕事ができる本』を参照して記述しました。

これは、そのままプレスリリースの本文になっていく部分です。いわゆる5W1Hに1W4Hをプラスしたものです。

WHO（誰が）

貴社またはあなたご自身です

TO WHOM（誰に）

③で設定したターゲットです。

WHEN（いつ）

新製品の発売日や新サービスの開始日、イベントやキャンペーンの開始日などです。必ず日付・曜日まで正確に書いてください。テレビもネットニュースも時々刻々と更新されます。新聞も朝刊と夕刊で全く同じ記事が載ることはありません。日付のないプレスリリースはニュースではありません。後述する記者クラブにプレスリリースを持参すると、必ず日付と問合せ窓口を確認されます。この2点が無いものは門前払いとなり、最初から受け付けてもらえません。

WHERE（どこで）

商品やサービスならどこで売っているのか、全国の主要スーパー・コンビニなのか、ネット販売なのか、明記してください。イベントなら開催する会場の名称・住所・アクセス方法を正確に書いてください。それがなければ記者が取材に行きたくても行けません。

WHAT（何を）

まず最初に「お客様への独自の提供価値」を記入してください。間違えないでいただきたいのですが、あくまでも「お客様にとっての提供価値」です。お客様のどんな悩み・お困りごとを解決するのか、お客様にどんなベネフィットを提供するのかを書いてください。

それを実現するスペック・性能・機能・特長・品質・成分・原材料等々は、その後の「商品（製品）概要」に記入してください。「商品（製品）概要」には、その他、名称・仕様（内容量や規格・寸法等）、発売日・価格・販売ルート・販売目標金額などを記載します。イベントやキャンペーンであれば、その企画概要を記載します。開催日・開催場所・開催形式・内容・申込方法などです。

WHY（なぜ：志、想い、原点）

「ドラマを引き出す5つの質問」のQ1（動機・きっかけ）とQ2（志・想い）の内容が入ります。

「あなたはなぜそれをするのか？」

ここでは「社会的な課題と、それを解決するためにこの商品・サービスを開発した」という社会性のある志・想いを書いてください。

単に自社商品の宣伝をしたいという動機・想いだけではマスコミに取り上げられることはありません。

HOW（どのように：手段・方法）

「ドラマを引き出す5つの質問」のQ3（成功）とQ4（失敗）の内容を入れましょう。

新商品の開発秘話、開発担当者の苦労話、仲間とのチームワークなど、失敗・挫折からの大逆転成功ドラマに記者は動かされます。

HOW MANY（数量等）

販売達成数量や販売目標数量、生産数量、など、具体的な数値で公表できるものを入れます

ＨＯＷ ＭＵＣＨ（金額等）

販売目標金額や決算発表時の売上高・営業利益・投資計画、商品（製品）の販売単価など具体的な金額で発表するものです。

ＨＯＷ ＬＯＮＧ（期間）

ＷＨＡＴの中でも触れましたが、キャンペーンやイベントなどの期間です。

①ＦＲＯＭ〜ＴＯ〜（いつからいつまで）と②ＢＹ（〜までに）の2種類があります。

ＨＯＷ ＩＮ ＴＨＥ ＦＵＴＵＲＥ（今後のビジョン・方針）

「ドラマを引き出す5つの質問」のＱ５（理想・ビジョン）の内容が入ります。

「あなたはそれを通じてどんな世の中を実現したいのか？」

ＷＨＹ（なぜ：志、想い）と同様、自社の儲けしか考えていない場合は、記者から敬遠されます。記者が取り上げたくなる大義名分を掲げてください。

⑦ プレスリリース後、取るべきアクション

プレスリリース第一弾を送って空振りだった場合の二の矢、三の矢は考えていますか？ 違う切り口での第2弾、第3弾のプレスリリースも用意しておいてください。

プレスリリースは同じネタでも切り口を変えることによって何度でも送ることができます。一度ダメだったとしても、違う切り口で掲載されるかもしれません。切り口を変え内容を工夫して二度三度トライしてみてください。

マスコミに掲載されそれを見てホームページにアクセスしてきた人を掴まえる仕掛けはしていますか？　せっかくの見込客をみすみす手ぶらで返す手はありません。お土産をあげて末永くお付き合いしていきましょう。詳しくは第四章でお伝えします。

2．プレスリリース作成戦略企画表の実例

「プレスリリース作成戦略企画表」の説明は以上です。とはいえ説明を読んだだけで書くのは難しいと思います。実例をご紹介しますので感覚的に掴んでいただきたいと思います。

事例①　色えんぴつアーティスト・宝珍幸子さん

色えんぴつアーティスト・宝珍幸子さんの例です。超絶技巧で写真のような猫、花、風景の

毎日新聞大阪本社版　2020年９月26日付　朝刊

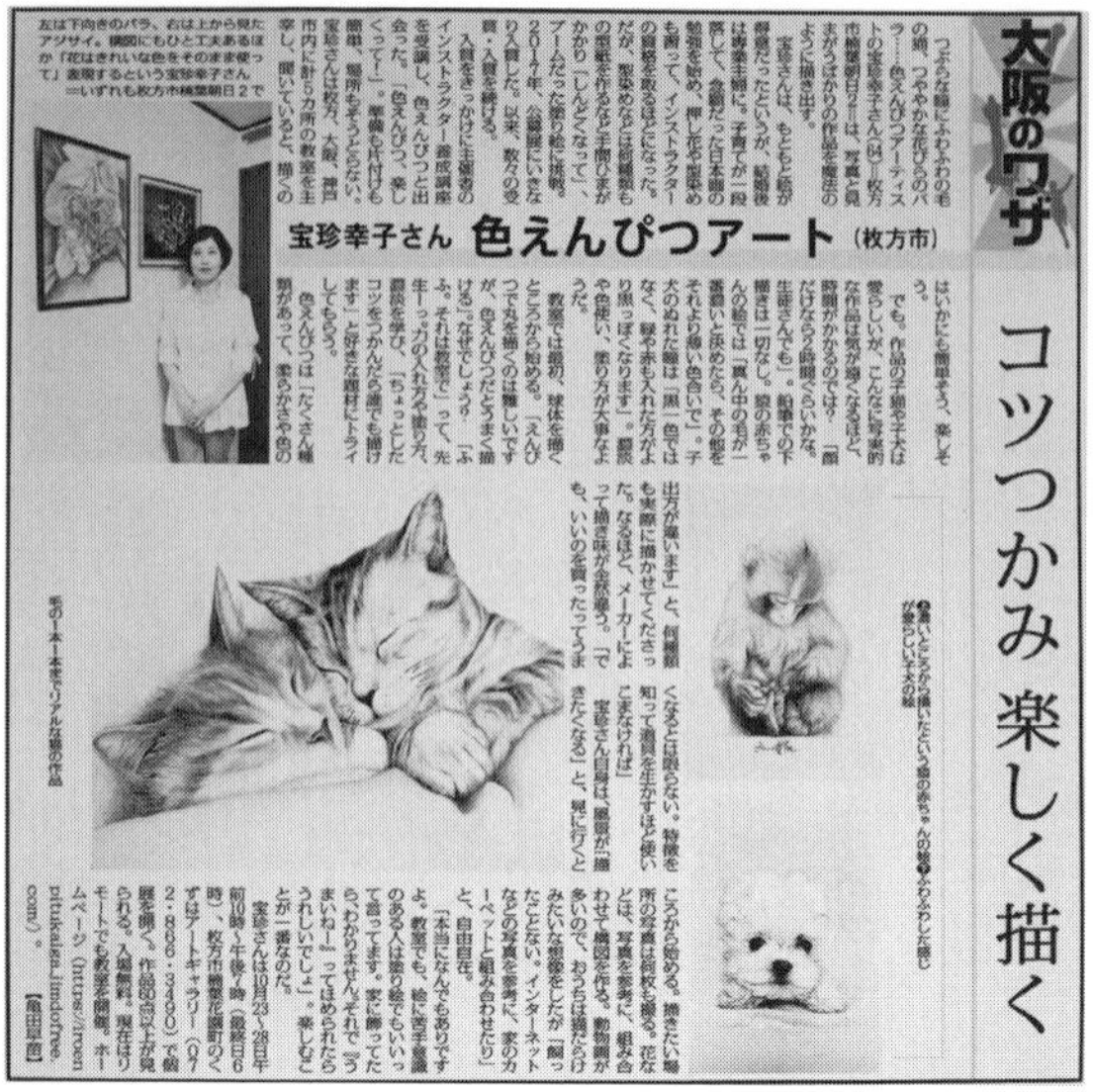
大阪のワザ

コツつかみ 楽しく描く

宝珍幸子さん　色えんぴつアート（枚方市）

絵を描いておられます。ご自身の個展をマスコミに取り上げてほしいと相談に来られました。私がプレスリリースのお手伝いをして、毎日新聞、読売新聞、毎日放送、ＢＳテレビ東京に取り上げられました。

「プレスリリース作成戦略企画表」を作成するため、まず「ドラマを引き出す５つの質問」に答えていただきました。

ドラマを引き出す5つの質問シート

Q1.（動機、キッカケ、出会い） あなたはなぜそれをするようになったのか？ どんな出会いがあったのか？
Q2.（志、想い、原点） あなたは今どんな志・想いで、それをやっているのか？ あなたの原点は何か？
Q3.（失敗、障害、敵、克服） あなたが失敗したことは何か？どう克服したのか？ どんな障害があったのか？どんな敵に出会ったのか？
Q4.（成功、武器、味方、勝利） あなたが成功したことは何か？なぜ成功したのか？ どんな武器を入手したのか？どんな味方が現れたのか？
Q5.（理想、ビジョン、あるべき姿） あなたはその活動で、どんな世の中を実現したいのか？ あなたの理想・夢・ビジョンは何か？

Q1　あなたは、なぜ、それをするようになったのか？（動機、きっかけ、出会い）

幼い時から絵が得意でした。美大を出たわけでもなく、主婦業と子育てで忙しく、絵を描きたくても描く時間がありませんでした。

Q2　あなたは、今、どんな志・想いで、それをやっているのか？（志、想い、原点）

子育てが一段落して、狩野派や琳派が大好きで長年の夢だった日本画の勉強を始めました。その後興味関心の赴くままに次々と押し花、型染め、彫紙アートのインストラクター資格を取得、気が付けば、押し花は3年、型染めは10年以上のベテラン講師になっていました。

今では、人生100年時代、できるだけ多くの方に色鉛筆画の楽しさ・創造の喜び・成長するやりがいを、一緒に味わって欲しいという想いで、楠葉生涯学習センター他4カ所に教室を広げ、老人ホームでのボランティア活動も始めました。

Q3　あなたが、失敗したことは何か？どう克服したのか？（失敗、障害、敵、試練、克服）

60歳を目前に。だんだん型染めもしんどくなってきました。そんなとき、高齢者の脳トレにも最適とテレビでも取り上げられ大人気の「大人の塗り絵コンテスト」に型染めで応募、入選をキッカケに「インストラクター養成講座」で色鉛筆画と出会いました。

Q4　あなたが、成功したことは何か？ なぜ成功したのか？（成功、武器、味方、勝利）
「大人の塗り絵インストラクター（河出書房新社公認）」資格を取得し、5年前から色えんぴつ教室を始めました。
２０１7年大人の塗り絵コンテスト　コロリアージュ賞、２０１7・２０１8年　日美展　色鉛筆画部門　審査員奨励賞、２０１7・２０１8年　上野の森美術館　日本の自然を描く展　入選／上位入選など多数受賞しました。
最初は手軽さから始めたのですが、そのうち色鉛筆画の奥深さにはまってしまい、今ではすっかり色鉛筆画の虜です。

Q5　あなたは、その活動で、どんな世の中を実現したいのか？（理想、ビジョン、あるべき姿）
これまで絵を描いたこともなかった高齢者の方がみるみる上達して喜んでいるのを見るのが大好きです。これからも色鉛筆画の楽しさを多くの方々に伝え、いつまでも元気にイキイキと暮らしていくお手伝いをしたいと思っています

以上を盛り込み、「プレスリリース作成戦略企画表」を作成しました。

プレスリリース作成戦略企画表

項目	内容
案件名	宝珍幸子個展のご案内
戦略目的	①自身の色えんぴつ画の個展にたくさんの方々に見に来てほしい ②自身の色えんぴつ画の教室に来てほしい ③自身の色えんぴつ画を買ってほしい ④色えんぴつ画というもの、その創作の楽しさを知ってほしい
戦略目標	個展来場者数●●●人、教室の新規獲得生徒数○○人
対象顧客 ターゲット	・個展会場周辺に住む ・五十代前後の専業主婦、子育てが一段落 ・家族構成は夫と子供二人 ・夫は一部上場企業の中間管理職、経済的に余裕 ・住居形態は戸建て持ち家 ・性格は落ち着いたタイプ ・趣味は美術鑑賞、映画鑑賞、手芸などの創作活動。アートに関心 ・接触メディアは、新聞、テレビ、女性雑誌など
知らせたい メディア	・テレビ・新聞・雑誌（女性雑誌） ・テレビは、「日曜美術館」「美の巨人たち」 ・新聞は、朝日新聞・読売新聞の文化面、日経新聞日曜版アート特集 ・雑誌は家庭画報、婦人画報、和楽、クロワッサン
ニュース 価値	特徴：写真のような色えんぴつ画の超絶技巧
	差別点：人生100年時代に高齢者に創造の喜びを教える
具体的内容	WHO（誰が）宝珍幸子が
	TO WHOM（誰に）プレスリリース内容を知らせたい最終ターゲット
	WHEN（いつ）個展開催期間
	WHERE（どこで）大阪府枚方市ギャラリー××
	WHAT（何を）宝珍幸子の、色えんぴつ画個展
	HOW（どのように） （ドラマを引き出す５つの質問③失敗） ・60歳を目前に、だんだん型染めもしんどくなってきた ・高齢者の脳トレにも最適とテレビでも取り上げられ大人気の「大人の塗り絵コンテスト」に型染めで応募 ・入選をキッカケに「インストラクター養成講座」で色鉛筆画と出会う

項目	内容
具体的内容	（ドラマを引き出す５つの質問④成功） ・「大人の塗り絵インストラクター（河出書房新社公認）」資格を取得し、５年前から色えんぴつ教室を始めた。 ・2017年大人の塗り絵コンテストコロリアージュ賞 2017・2018年 日美展 色鉛筆画部門 審査員奨励賞 ・最初は手軽さから始め、そのうち色鉛筆画の奥深さにはまってしまい、今ではすっかり色鉛筆画の虜
	WHY: なぜ（背景・趣旨・目的） （ドラマを引き出す５つの質問①きっかけ・動機） ・幼い時から絵が得意。美大を出たわけでもなく、主婦業と子育てで忙しく、絵を描きたくても描く時間がなかった （ドラマを引き出す５つの質問②志・想い） ・子育てが一段落、狩野派や琳派が大好き、長年の夢だった日本画の勉強を始める ・その後関心の赴くままに次々と押し花、型染め、彫紙アートのインストラクター資格を取得 ・押し花は３年、型染め10年以上のベテラン講師 ・人生100年時代、できるだけ多くの方に色鉛筆画の楽しさ・創造の喜び・成長するやりがいを、一緒に味わって欲しい ・楠葉生涯学習センター他４カ所に教室を広げ、老人ホームでのボランティア活動も開始
	HOW MANY（いくらくらい；数量）
	HOW MUCH（いくらくらい；金額）
	HOW LONG（どのくらい；期間）10月×日～×日までの１週間
	HOW IN THE FUTURE（今後どうする：方針・戦略） （ドラマを引き出す５つの質問⑤理想・ビジョン） ・これまで絵を描いたこともなかった高齢者の方がみるみる上達して喜んでいるのを見るのが大好き ・これからも色鉛筆画の楽しさを多くの方々に伝え、いつまでも元気にイキイキと暮らしていくお手伝いをしたい
取るべきアクション	記者クラブへの投げ込みの後、個別に地元メディアへの電話フォロー、訪問アプローチなど、思いつくあらゆる手段を実行

① 戦略目的

ここに書かれているような目的を書きましょう。プレスリリースを送るのはマスコミに載ることが目的ではありません。マスコミに載ることはあくまでも中間的な目標です。その先に本当の目標があるはずです。売上拡大とか、優秀な人材の確保とか、その目的を書きましょう。この例では、色鉛筆画個展の来場者拡大、ひいては色鉛筆画教室の生徒獲得と色鉛筆画の作品販売が目的です。

ただし、色鉛筆アートの楽しさを伝えることで、人生１００年時代にいつまでも元気にイキイキと暮らしていくお手伝いをするという社会的な目的を必ず入れてください。大義がないところにマスコミは取材に来ません。

② 戦略目標

大まかでもけっこうですので、教室の生徒数や、作品の売上金額など、具体的な期限付き数値目標に落としこみましょう。いつまでにどこまで達成するのか測定できるようにしましょう。

③ 対象顧客ターゲット

できる限り、性別・年代・職業・年収・未既婚・家族構成・住居形態・性格・趣味嗜好・ライフスタイル・関心事・接触メディアなど、具体的に詳しくイメージしてください。

メディアを選定するときに参考になります。

④　知らせたいメディア

テレビはよく見る番組名・コーナー名、新聞も新聞名・よく見る面・雑誌も雑誌名・よく見る特集記事など、できるだけ細かく設定しましょう。

そのためには、よくメディアを研究することが大切です。メディアを知ることが広報PRの第一歩です。朝から晩まで、できるだけ幅広いメディアを視聴しましょう。もちろん1人で1日に視聴できるメディアには物理的に限界がありますので、カバーしきれないメディアはホームページで情報収集しましょう。編集内容・読者特性・記事番組構成などを探究すれば、貴社の商品サービスターゲットに合うメディアがきっと見つかります。それをピックアップしましょう。

⑥　記載内容＝6W5H

WHEN（いつ）

新商品の発売日やイベントの開催日のような特定のタイミングがない場合は、記者が取材したくなるタイミングを創り出しましょう。何らかの季節イベントや年間イベントにからめるとか、時事的なトレンドに関連づけるとか、マスコミが関心を持ちそうなタイミングを探して設定するのです。

たとえば、美術に関心が高まる「文化の日」に関連づけるとか、猫の作品が多いので、2月22日（ニャンニャンニャン）の「猫の日」に合わせてイベントをするとか、何か理由をつけてプレスリリースを出すのです。記者が納得できる理屈をつけて興味を引くことが大切です。「なぜ今取り上げなければいけないのか」こう聞かれたときすぐ答えられるようにしてください。その答えに納得しない限り記者は取材に来ません。

HOW MANY（数量等）
HOW MUCH（金額等）

今回は出せる数字がなかったのでパスしました。書けない項目は無理に書く必要はありません。

⑦ プレスリリース後、取るべきアクション

記者クラブへの投げ込みの後、個別に地元メディアへの電話フォロー、訪問アプローチなど、

思いつくあらゆる手段を実行します。

個展会場では、アンケートに答えていただいて連絡先など個人情報を入手し、後日お礼とともに教室に勧誘します。

マスコミに掲載されれば、その記事をホームページに掲載し、入社案内や教室での配布資料にも転載します（※マスコミの許可が必要）。

目的・目標を常に念頭に置き、マスコミを味方にして目的・目標を達成する具体的な作戦を必ず立てておいてください。前もって考えておかないと、一時のブームで終わってしまいますので、くれぐれもご注意ください。

2 プレスリリースは雛形通りに書け

1．プレスリリースの雛形

プレスリリースには絶対守らなければいけない明文化された厳格な規則などありません。自由に書いてください。ただ、勝手気ままに書き散らしても記者は掲載してくれません。厳密なルールはなくてもビジネスマンの常識として、超多忙な記者が見やすい、読みやすい、分かりやすい形式で書いた方が良いに決まっています。その雛形をご紹介します。私も含めてほとん

■プレスリリース雛形

ロゴマーク	プレスリリース表示	日付
宛先		発信者
		発信者ホームページURL

タイトル

サブタイトル

写真	写真	写真

■リード:5W1H の要約(WHO→WHEN→WHERE→WHAT→HOW→WHY)

「誰が」「いつ(●月●日まで書く)」「どこで」「何を」「どのように」「なぜ」する(した)

文章が長くなる場合、「どのように」「なぜ」を別の文章にする

■本文

・6W5H の詳細＝5W1H＋(How much、How many、How long,How in the future)

独自の特長、差別化ポイント、

例)●●で初めて、●●で一番、●●で最も、

・概要(商品概要・企画概要等)

名称、主体、特長、仕様、発売日(実施期間)、価格、場所

・現状と社会的課題、課題の解決策としての商品・サービス

課題解決できる根拠・実績・ユーザーの声

・5つの質問

・動機・キッカケ「あなたはなぜそれを始めたのか」

・志・想い「あなたはなぜ、それをやるのか」

・失敗・乗り越えた要因

・成功・成功できた要因

・今後の戦略・ビジョン:HOW IN THE FUTURE

「あなたは、それを通じて、どんな世の中を実現したいのか」

問合せ先:電話番号/会社名/部署名/担当者名(ふりがなも、姓と名半角アケ)/担当者メールアドレス/住所/HPのURL/FAX/携帯電話番号(24時間365日対応)

会社概要:会社名/本社所在地住所/代表者名/設立年月日/資本金/業務内容/売上高/従業員数/会社の理念や想いビジョンや戦略、方針等を書くのも◎

どの広報マンはこれに似た形式でプレスリリースを書いています。

雛形に記載されている項目を解説していきます。

①　会社ロゴ

ロゴマークやロゴを入れます。なければこれを機会に制作しましょう。写真を入れてもかまいません。

真っ先に目に入る左上のこの部分にロゴを入れることによって、記者さんにあなたの印象を残すのです。最低でも毎月1回継続的にプレスリリースを出してあなたのことをロゴで思い出してもらいましょう。

②　宛先

一般的には「報道関係者各位」と書きます。記者クラブに投げ込み（配信）するときは、記者クラブの名前を明記します。複数の記者クラブに送る時は必ずすべての記者クラブ名を記します。メディア側が社内調整し、同じ切り口で重複取材することがないようにするためです。企業にとっては違う切り口で、たとえば同じメディアの経済部と社会部の両方から複数回取材されることもでてきます。これを狙いたいですね。

なお、地元の記者クラブを飛ばし、直接全国紙の東京本社に送るのはやめてください。地元メディアを大切にしないと、相手にされなくなります。送るなら両方に送りましょう。

特定のメディア（記者）だけに送るときは「プレスリリース」とは書かずに「ご取材用資料」と大きく左上に書き、取材してくれる記者名も入れてください。「報道関係者各位」とは書きません。こう書くと「オンリーユー」の情報提供となり、同じ部署でも他の担当者やディレクターには届きません。皆さん多忙なので、同じ部署でもヨコの連携はないと思ってください。「隣は何をする人ぞ」状態です。

ちなみに「プレスリリース」というのは、一斉配信・発表スタイルのことを言います。

③　日付

「戦略整理シート」の「ＷＨＥＮ」の項で書いた通り、日付を記載します。ちなみに西暦で記載しその後ろに（　）内で和暦を併記するのがベストです。

④　発信者

ここでは社名とＨＰのＵＲＬだけ記載しましょう。会社の詳細は「会社概要」の欄に記載します。

この後の「タイトル」「リード（概要）」「本文」の3部構成が、プレスリリースのメインです。この文章構成法は新聞やテレビなどマスコミのニュース報道の定番です。文章構成法は他に「起承転結」「序破急」「序論・本論・結論」などがあります。マスコミのニュース報道は、日本だけではなく世界中、この3部構成です。

読者から見ると、まず「タイトル」を見て、それが何の話なのか、政治なのか経済なのか社会なのか文化なのか、見当をつけることができます。興味を引かれたら「リード」で概要を大づかみに理解し、もっと詳しく知りたければ「本文」を読む、という読み方ができます。

読者はどこで読むのを止めてもかまいませんし、途中で読むのを止めても大まかな内容は頭に入ります。読む方にとってはとてもありがたい構成です。

これを「逆ピラミッド」型の文章構成と言います。一般的・全体的な話から個別的・部分的な話へ展開するので、文章内容がスムーズに頭に入ります。

⑤　タイトル

「記者はタイトルしか見ない」と思ってください。地方支社は別として、東京や大阪の各部署には1日100通、多い場合で500通以上のプレスリリースが来るそうです。万が一にも特オチ（他社が一斉に扱っている大きなニュースを自社だけ報道できていない状態）にならないよう記者は一応目を通します。全文を読んでいる時間はありません。「タイトルしか見ない」のではなく「タイトルしか見る時間がない」のです。

タイトルを見る時間も1通あたり3秒とか5秒というレベルです。どんなに一生懸命プレスリリースを書いても、タイトルで記者を掴まなければ、3秒でゴミ箱行きです。すべてはタイトル次第です（もちろん内容あってのことですが…）。

タイトルは最初から書くな

タイトルが重要だという意識が強すぎると、そこで悩んでしまい次が書けません。タイトルで何時間もかかり、いつまで経ってもプレスリリースが完成しません。

仮タイトルをつけ、いったん最後まで全文を書き上げてしまいましょう。あとで仮タイトルを見直し、そのまま本タイトルにするのもよし、あらためて違うタイトルにするのもいいでしょう。

一気に最後まで仕上げてしまうことが大切です。プレスリリース1本書くのに1週間もかかってしまうことになりかねません。丁寧に心をこめることは大切ですが、効率的に仕事を進めることも大事です。

そして、一回書いてみて一晩寝かせて再度見たり、第三者に見てもらいましょう。言葉が過ぎているところを直し、読めない言葉にルビをふるなど、必ず修正点が見つかるものです。

タイトルの書き方についてお伝えします。

・タイトルを見ただけで何の話か、なぜこのニュースを取り上げなければいけないのか、わかるように書く
・タイトルでおもしろそう、それいけると思わせる。あおらず、読みたいと思わせる
・タイトルはどんなに長くでも30文字以内、サブタイトル含め2～3行まで
ちなみに、ヤフーニュースは13・5文字新聞の主見出し・脇見出しは12文字以内（共同通信社「記者ハンドブック」）
・世の中のトレンドキーワードを入れ、今取り上げるべき明確な理由を示す
・可能なら知名度が高い著名人や著名企業などの名前を入れる
・体言止めや、文法がおかしくても短文で
・数字や具体的・客観的な事実を入れる
・新聞の見出しのイメージ
（※もちろん「マスコミに歓迎されるネタ・7つの条件」のどれかを入れる）

⑥ 写真・図表等ビジュアル

「タイトル」下の目立つところに、「タイトル」の内容が一目でわかるような写真、図表等のビジュアルを掲載します。多忙な記者の関心を引くため、文字よりはるかに多くの情報を一瞬で伝えられるビジュアルをできるだけ挿入しましょう。テレビも新聞も写真が大好きです。

写真は人物の顔写真があればベストです。人間が一番興味を持つのは人間の顔だからです。何か動きが感じられる写真が効果的です。店舗販売の会社がオンラインで接客したり、工場や医療・介護の現場でロボットが動いていると、テレビが興味を持ってくれます。商品は人の全身や人の顔、手の平、スマホなどと一緒に撮影してください。一見してすぐ大きさがわかります。

専門的・学術的・複雑な内容は、できる限りイラストやグラフ、図表やフローチャートなどを使用してわかりやすくしてください。

⑦ リード

マスコミに伝えたい情報は何なのか？　一言で言うのが「タイトル」、5W1Hで言うのが「リード（概要）」です。「プレスリリース作成戦略企画表」でまとめた6W5Hのうち5W1Hを簡潔に記載します。

一つの文章で網羅すると長くて読みづらくなります。まず、WHO→WHEN→WHERE→WHATを書いてください。次に、HOW→WHYと続けます。長ければHOWでいったん切り、WHYは別の文にしてください。相手は一日一人多ければ数百通のプレスリリースを見ます。「タイトル」「リード」で、「取材する価値あり」と思わせなければいけません。端的にニュース価値を語る練習をしてください。

⑧　本文

「本文」には「プレスリリース作成戦略企画表」でまとめた6W5Hの内容を、次のⓐ～ⓕの順に記入するのがおすすめです。もちろん内容次第で順番を変更し、強調したいことを前に持ってくるのはかまいません。

ⓐ　本文（独自の提供価値／特徴・差別点）
ⓑ　本文（商品概要・企画概要）
ⓒ　本文（背景・社会的課題・志・想い）
ⓓ　本文（失敗・苦労話・克服要因）
ⓔ　本文（成功・課題の解決・成功要因）
ⓕ　本文（理想・ビジョン・今後の方針）

⑨　問合せ先

・会社名、部署名・担当者名（ふりがなも）（姓と名の間は半角アケ）
・担当者電話番号・メールアドレス・ＦＡＸ
・住所
・ＨＰのＵＲＬ

を記載してください。

　できれば、広報担当者として24時間３６５日対応する覚悟を決め

・携帯電話番号

も記載してください。

　記者は、24時間３６５日対応で動いています。事件も、地震も、犯罪も、いつ起こるかわかりません。コロナもいつどうなるか予断を許しません。

　記者は交代で夜勤し、夜中に何かあれば即出動します。ボヤボヤしていると他のマスコミに出し抜かれます。それは絶対に避けなければいけないのです。また特オチも決して許されません。

　記者はふつうのサラリーマンとは違います。コロナをキッカケに「ワークライフバランス」

が言われているそうですが、トップ記者は「夜討ち朝駆け」が当たり前です。

広報担当者にも翌日の朝刊の裏取りのため、夜8時9時まで確認の電話がかかってきます。プレスリリースを配信して2～3日はプライベートな約束は入れない方が無難です。それに対応してはじめて、「こいつは本気だ、本気で広報に取り組んでいる」と一人前の広報として認めてもらえます。覚悟を決めてくださいね。（※実際に夜中や休日に連絡が来ることはまれです）

⑩　会社概要

これが中小企業にとっては、きわめて重要です。

記者は無名の中小企業であるあなたの会社のことは何ひとつ知りません。ですから、ぜひ会社名・本社所在地住所・代表者名・設立年月日・資本金・業務内容・売上高・従業員数等できるだけ詳しく書いてください。この時、必ず会社名や代表者名、住所など読み方がわかりにくいものにはすべてルビを振りましょう。記者が一番嫌いなものの一つが『読み方がわからない固有名詞や外国語』です（160ページ参照）。会社の理念や想い、ビジョンや戦略・方針等を書くのも◎です。

社会性が重要です。想いや志が大切です。今後の理想・ビジョンを入れましょう。記者の心を動かせるのはあなたの熱い志だけです。

この「会社概要」で、「私はまじめに世の中のためにこつこつとお役に立てる商品サービスを提供してきた者です。このプレスリリースに書いたことは真実です。怪しい者ではありません」ということを印象づけてください。

でなければ、ただ単に自分勝手な商品の押し売りをしてくる広報PRオンチ（かつての私）と思われ、相手にしてもらえなくなるかもしれません。最後まで気を抜くことなく、記者に応援してもらえるように、「会社概要」を書きましょう。

できれば自社に関するあらゆる情報を網羅した「ファクトブック」を作成してください。いつでも自社の何を聞かれても答えられるように、「ファクトブック」には、経営戦略から役員プロフィールまでの自社の重要事項、市場、業界、競合まで、自社に関連するすべてを記載してください。何かの拍子に「ファクトブック」を活用し、記者さんの質問に即座に答えたら、間違いなくあなたの株が上がり、記者さんから何かと頼りにされるようになります。それを目指してください（ファクトブックの詳しい内容は225ページ参照）。

と言われても、いざ実際にプレスリリースを書こうとすると、どう書けばいいのか自信が持てないと思います。やはり「プレスリリース作成戦略企画表」のときと同様、具体的な実例をご覧いただきながら解説した方が分かりやすいと思います。

先程の、色えんぴつアーティストの宝珍幸子さんの事例を見ていただき、ポイントを解説します。

2. プレスリリースの実例

事例① 色えんぴつアーティスト・宝珍幸子さん

① **会社ロゴ**
特にないので入れていません。

④ **発信者**
宝珍さんの肩書と名前だけです。
できればＵＲＬも入れましょう。

⑤ **タイトル**
人生１００年時代、60歳を目前にして色鉛筆画を始めた、枚方の主婦が高齢者に、表現する楽しさ・創造する喜びを知ってほしいと、個展を開催！

報道関係者各位
枚方記者クラブ 御中
大阪府政記者会 御中

20　年月日
超絶技巧！「ジャポニズム色えんぴつアーティスト・宝珍 幸子」
https://iroenpitukaiga.jimdo.com/

人生100年時代、60歳を目前にして色鉛筆画を始めた、枚方の主婦が高齢者に、表現する楽しさ・創造する喜びを知ってほしいと、個展を開催！

“色えんぴつ日本画アーティスト・宝珍幸子”は、20××年×月××日～×××日、枚方園「ギャラリー〇〇」にて、超絶技巧を駆使して制作した、超高精細の色えんぴつ日本画の個展を開催します。

ポイント①人生100年時代、ごく普通の主婦が、子育て後に、「第3の人生」に挑戦！
ポイント②手軽に始められ生涯学習に最適、と静かなブームの色鉛筆画を啓蒙！
ポイント③色鉛筆画では珍しい「日本画」の伝統美を、写真を超えるリアリティで追求！

2017年・2018年 日美展 色鉛筆画部門 審査員奨励賞

2018年アートムーブコンクール入選

2017年・2018年 上野の森美術館 日本の自然を描く展 入選／上位入選

2017年大人の塗り絵コンテスト コロリアージュ賞

超絶技巧！ジャポニズム色えんぴつアーティスト・宝珍幸子 展

日時：6月11日～16日　10時～18時（最終日は17時）
場所：ギャラリー偏西風
住所：枚方市伊加賀北町6-11
ＴＥＬ：072-844-1850

※1、期間中随時「色鉛筆画のミニ実演会」を開催予定
※2、後日、色鉛筆画教室の無料体験も可能（要予約）
※3、展示作品の販売も可能、当日、本人にお問合せください

本プレスリリースについてのお問合せ先

宝珍幸子（ほうちん さちこ）　**Tel：050-5435-2445　Mail：houtinsa@ares.eonet.ne.jp**

20　年月日

報道用資料

「ジャポニズム色えんぴつアーティスト・宝珍 幸子」
https://iroenpitukaiga.jimdo.com/

超絶技巧！「ジャポニズム色えんぴつアーティスト・宝珍 幸子」のプロフィール

＜幼少期～主婦期＞
幼い時から絵が得意でした。美大を出たわけでもなく、主婦業と子育てで忙しく、絵を描きたくても描く時間がありませんでした。

＜学習期～型染め等講師期＞
子育てが一段落して、狩野派や琳派が大好きで長年の夢だった日本画の勉強を始めました。その後興味関心の赴くままに次々と押し花、型染め、彫紙アートのインストラクター資格を取得、気が付けば、押し花は３年、型染めは10年以上のベテラン講師になっていました。

＜色鉛筆画との出会い＞
その後、高齢者の脳トレにも最適とテレビでも取り上げられ大人気の**「大人の塗り絵コンテスト」に型染めで応募、入選をキッカケに「インストラクタ養成講座」で色鉛筆画と出会い、「大人の塗り絵インストラクター（河出書房新社公認）」資格を取得、5年前から色えんぴつ教室を始めました。**

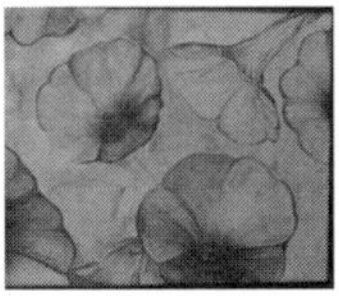
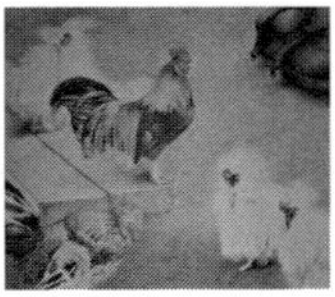

＜色鉛筆画の伝道師へ＞
60歳を目前に「だんだん型染めもしんどくなってきた」と最初は手軽さから始めたのですが、そのうち色鉛筆画の奥深さにはまってしまい、今ではすっかり色鉛筆画の虜です。

人生100年時代、できるだけ多くの方に色鉛筆画の楽しさ・創造の喜び・成長するやりがいを、一緒に味わって欲しいという想いで、楠葉生涯学習センター他4カ所に教室を広げ、老人ホームでのボランティア活動も始めました。これまで絵を描いたこともなかった高齢者の方がみるみる上達して喜んでいるのを見るのが大好きです。

今年の4月12日～17日には、くずはアートギャラリーで自身初の個展も開催、83点の色鉛筆画を展示し、期間中約700名以上の方が来場されるなど、ご好評をいただいています。

作品は、やはり「紫陽花」「鯉」「龍」「牡丹」等、日本画の素養を活かした画題が多く、これからも年に1作は、本格的な日本画に挑戦し、その伝統美を追求してまいります。

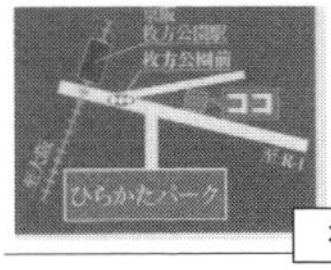

ジャポニズム色えんぴつ日本画アーティスト・宝珍幸子 展
日時：6月11日～16日　10時～18時（最終日は17時）
場所：ギャラリー偏西風
住所：枚方市伊加賀北町6-11
ＴＥＬ：072-844-1850

本プレスリリースについてのお問い合わせ先

宝珍幸子（ほうちん さちこ）　Tel：050-5435-2445　Mail：houtinsa@ares.eonet.ne.jp

一番目につく文頭に「人生100年時代」というトレンドキーワードを記載、記者の目を引くことを狙いました。

タイトルの骨格は「誰が何をする（した）ですので、「枚方の主婦が、個展を開催」と書きました。

「高齢者に、表現する楽しさ・創造する喜びを知ってほしい」という文言で、単なる個展の宣伝・売り込みではない「社会性」が感じられるように工夫しました。

⑥ 写真・図表等ビジュアル

一番の売り物である色えんぴつ画の受賞作をできるだけ多く掲載しました。論より証拠、超絶技巧は作品を見ていただくのが一番早い、そう考えたからです。

⑧ⓐ 本文（独自の提供価値）

ポイント① 人生100年時代、ごく普通の主婦が、子育て後に、「第3の人生」に挑戦！
ポイント② 手軽に始められ生涯学習に最適、と静かなブームの色鉛筆画を啓蒙！
ポイント③ 色鉛筆画では珍しい「日本画」の伝統美を、写真を超えるリアリティで追求！

5W1Hの「WHY」にあたるポイントを要約して本文の最初に提示する方法も有効です。記者さんにニュース価値を一瞬にして伝えることができます。

5W1Hの「WHO」「WHAT」「WHEN」「WHERE」「HOW」を、箇条書きにして提示しています。箇条書きは見やすくわかりやすいのでぜひ活用してください。

⑧ⓕ　本文（理想・ビジョン・今後の方針）

理想・ビジョンを表明しています。この部分があることにより、このプレスリリースは単なる自身の儲けのためだけの宣伝・売込チラシ「広告」ではなくなります。世の中の役に立つ「情報提供」という大義名分を獲得することができるのです。記者の心を動かすのはここです。「あなたはそれを通じてどんな世の中を実現しようと思っているのか」記者の質問の回答がこの部分です。

⑨　問合せ先

他に固定電話番号、FAX、住所をはじめ、LINE公式アカウントやFACEBOOK、INSTAGRAMやTWITTERなど、SNSのアカウントURLを記載するのも良いと思います。ターゲットに合わせて取捨選択して掲載してください。

⑩ 会社概要

この方は個人事業主なので会社概要については割り切って記載していません。個人の場合は、プロフィール（資格や特技、免許など）や各種実績（セミナーや研修、受賞歴など）を記入し、専門性・権威性・信頼性を印象付けてください。

とにかく、マスコミは自分のことしか考えていないような人とは付き合いたくないのです。一皮むけば自社の儲け第一主義で自分勝手な商品サービスの売込のことしか考えていない人たちとは関わり合いになりたくないのです。良識ある大人と付き合いたいのです。

もちろんこの本を読んでいるあなたはそんな方ではありませんので、そのことをわかってもらえるような客観的事実を書いてください。

「プレスリリース作成戦略企画表」「プレスリリース」の書き方を実例を通じてお伝えしてきました。ここが最も大切なキモです。ここができるようになれば、後はどちらかといえば事務的な作業です。しっかりと理解してください。

3 事例に学ぶプレスリリースの超具体的な書き方

最も重要な部分なので、あと3件「プレスリリース作成戦略企画表」「プレスリリース」の実例をご紹介します。

事例②　日の出医療福祉グループ

「日の出医療福祉グループ」でNHK全国放送、ヤフーニュースはじめ最も報道連鎖が起きた事例です。

③　**対象顧客ターゲット**

就活中の大学生・専門学校生とその親

（※もっと詳しく書かなければいけません。悪い例です）

プレスリリース作成戦略企画表

項目	内容
案件名	サッカー選手が介護の魅力を語る就活イベント
戦略目的	介護の仕事に対する理解の向上、優秀な人材の獲得
戦略目標	新卒学生の自社へのエントリー獲得
対象顧客 ターゲット	就活中の大学生・専門学校生とその親
知らせたい メディア	神戸新聞、サンテレビ、全国紙兵庫版、テレビ局神戸ローカルニュース、介護業界紙・誌、
ニュース 価値	特徴：サッカー選手が介護職員という意外性
	差別点：サッカー選手が介護の魅力を語る就活イベント
具体的内容	WHO（誰が）日の出医療福祉グループ
	TO WHOM（誰に）就活中の大学生・専門学校生・高校生
	WHEN（いつ）２０●●年×月×日
	WHERE（どこで）○○
	WHAT（何を）「介護の仕事」紹介就活イベント
	HOW（どのように）正職員として働くサッカー選手が介護の魅力を語る （ドラマを引き出す５つの質問③失敗） ・合同の就職フェアにブース出展しても、「介護」というだけで立ち寄る学生は少なく、エントリーシートを100名集めるのも苦労
	（ドラマを引き出す５つの質問④成功） ・「地域リーグのサッカー選手は午前中が練習のため正社員の働き口がなく収入が不安定だった。日の出医療福祉グループは午後からの特別シフトを組み、正社員として働いてもらうことにし、人手不足を緩和することに成功
	WHY: なぜ（背景・趣旨・目的） ・介護の深刻な担い手不足が問題となるなか、 介護の仕事の大切さややりがいをわかってほしい

項目	内容
具体的内容	（ドラマを引き出す５つの質問①きっかけ・動機） ・2025年に、団塊の世代がすべて75歳以上 介護サービスを利用したい高齢者が増大 一方、介護職の深刻な担い手不足が問題
	（ドラマを引き出す５つの質問②志・想い） ・日の出福祉医療グループは、サッカー選手の皆さんが初めて介護の仕事をして、苦労しながらもやりがいや喜びを感じて働いていることをとても嬉しく思った ・ぜひ、そんな選手から、就活している同世代の若者たちに、介護の仕事の大切さややりがいを伝えてほしい
	HOW MANY（いくらくらい；数量）
	HOW MUCH（いくらくらい；金額）
	HOW LONG（どのくらい；期間）
	HOW IN THE FUTURE（今後どうする：方針・戦略） （ドラマを引き出す５つの質問⑤理想・ビジョン） ・今後も様々なイベントを通じ若者たちが介護に興味を持つきっかけを作り介護の仕事の魅力について知ってもらう ・世の中全体の「介護＝３Ｋ」という先入観・偏見を取り除き、介護の仕事の大切さややりがいを理解してもらいたい ・介護の仕事で、利用者様の役に立つ喜びと生きがいを感じ、自分自身も豊かな毎日を送ってほしい
取るべきアクション	・記者クラブへの投げ込みの後、個別に地元メディアへの電話フォロー、訪問アプローチなど、あらゆる手段を実行 ・マスコミに掲載記事をホームページに掲載、入社案内や就職説明会配布資料にも転載（※マスコミの許可必要）。

日の出医療福祉グループ

報道関係者各位

2018年00月00日

「人見知りを克服できました」
「おじいちゃんの笑顔に癒されます」
～Jリーグ昇格を目指すサッカー選手たちが日の出医療福祉グループでの介護の仕事を語ります～

《背景》　2025年に、団塊の世代がすべて75歳以上となります。
介護サービスを利用したい高齢者が増えることが予想される一方、
介護職の深刻な担い手不足が問題となっています。

《介護の担い手不足解消に向けた、幣グループの取り組み》

仕事をしながらJリーグ昇格を目指す選手の皆さんをサポートするとともに、力をお借りしたいと考え、**今年4月からバンディオンセ加古川の選手ら10人に、グループ内の施設で介護職員として勤務いただいています。**

＊バンディオンセ加古川：加古川市に拠点を置くサッカークラブチーム。
現在開催中の関西サッカーリーグで首位。JFL、Jリーグ昇格を目指す。

～～～～「介護の仕事」紹介イベントのご案内～～～～

日の出福祉医療グループは、選手の皆さんが初めて介護の仕事をして、苦労しながらもやりがいや喜びを感じて働いていることをとても嬉しく思いました。

ぜひ、そんな選手の皆さんから、就活している同世代の若者たちに、率直に介護の仕事について伝えてもらい**「少しでも介護の仕事の大切さややりがいについてわかっていただきたい」そんな思いで、バンディオンセと初めてイベントを企画しました。**

<日時>8月7日(火) 10:00～16:00
<場所>ノア・フットサルステージ姫路 (姫路市八家1272)
<対象者>大学生、専門学生、高校生
<スケジュール>
10:00～サッカーを通して選手と学生が交流
12:00～昼食
13:00～選手が語る「介護の仕事の魅力とは？」

私たちは、若い人たちに介護の仕事の魅力について知ってもらうため、今後も様々なイベント通して介護に興味を持つきっかけ作りを行っていきます。

本件のお問い合わせ先

日の出医療福祉グループ
Tel：079-441-8423　Fax：079-441-8523
広報担当：大西 緑(おおにし みどり)
Mobile phone：[redacted]
Mail：[redacted]

〒675-0101 兵庫県加古川市平岡町新在家2333-2
代表者：代表理事　大西壮司　　設立：2016年7月
会員法人：社会福祉法人 日の出福祉会、医療法人社団 奉志会、
社会福祉法人 博愛福祉会
サービス：介護、保育、医療
事業所数：125カ所　職員数：2500人　(2018年6月時点)

日の出医療福祉グループ　**https://hinode.or.jp**

私たちは、"お客様のよろこび・社員のよろこび・地域のよろこび"の精神のもと、「よろこびに繋がることは積極的にやっていく」という姿勢で日々仕事をしています。特に今は「働き方改革」に力を入れていて、週休３日制やAIの積極的な導入の検討など、これからも様々な働き方スタイルも提案していきたいと考えています。

日の出医療福祉グループ

報道関係者各位

2018年00月00日　大西 緑

利用者さんのおかげで人見知りを克服できるようになりました！

村井宏起(むらい ひろき)選手　FW
生年月日：1995/09/17
配属先：特別養護老人ホーム ふたばの里 (小野市)
今年４月に入団　大卒にして早くもスタメン出場中！
チームの若手ホープ

Q介護現場で働いて嬉しかったことは？

名前を教えても、数秒後には忘れてしまう方が多いんですけど、
毎日自分の名前を繰り返し教えていた利用者さんに、
次の日にも名前を覚えててもらえていて。
それがうれしかったですね。

人と接することが僕はあんまり得意じゃなかったんですけど、利用者さんと話していると、人見知りも自然と無くなっていて、すると職員の方との会話も楽しめるようになりました。

いつか介護の資格を取りたい！

千秋真実(ちあき まなみ)さん　トレーナー
生年月日：1991/3/28
配属先：法人本部、
　　　　小規模多機能型居宅介護あさざ(稲美町)
2012年入団
選手の体調管理、体のメンテナスを一人で行う

Q実際に介護の現場で働いてみてどうでしたか？

もともと悪いイメージっていうものはなかったんですけど、
親には「介護の仕事はきつい」って言われていて、
「きついんかなあ」と考えていました。

おじいちゃんおばあちゃんとお話したり、笑ってもらえたりしたら私もうれしくなって癒されています。いつかは資格を取りたいなと思っています。

本件のお問い合わせ先

日の出医療福祉グループ
Tel：079-441-8423　Fax：079-441-8523
広報担当：大西 緑(おおにし みどり)
Mobile phone：[redacted]
Mail：[redacted]

〒675-0101 兵庫県加古川市平岡町新在家2333-2
代表者：代表理事　大西壯司　　設立：2016年7月
会員法人：社会福祉法人 日の出福祉会、医療法人社団 奉志会、
　　　　　社会福祉法人 博愛福祉会
サービス：介護、保育、医療
事業所数：125カ所　職員数：2500人　(2018年6月時点)

日の出医療福祉グループ　**https://hinode.or.jp**

私たちは、"お客様のよろこび・社員のよろこび・地域のよろこび"の精神のもと、「よろこびに繋がることは積極的にやっていく」という姿勢で日々仕事をしています。特に今は「働き方改革」に力を入れていて、週休３日制やAIの積極的な導入の検討など、これからも様々な働き方スタイルも提案していきたいと考えています。

⑧ⓓ　本文（失敗・苦労話・克服要因）

⑧ⓔ　本文（成功・課題の解決・成功要因）

※⑧ⓓⓔは一般的なプレスリリースの雛形からは逸脱していますが、選手が正直な本音をストレートに語っており、マスコミに訴えるアピール力を感じたためあえてそのままにしました。絶対に雛形を守らないといけないというものではありません。

2018年9月4日　西日本新聞（共同通信配信）

安定した収入　労働力を確保

双方に利点

サッカー選手　介護アシスト

兵庫県加古川市の介護事業者が、Jリーグを目指す地元社会人サッカーチームの選手ら10人を介護職員として雇用し、チャレンジを支援している。選手らは安定した収入が得られ、事業者にとっては労働力を確保するメリットがあり、介護業界の新しい取り組みとして注目される。

[redacted]

特別養護老人ホームで利用者と話す「バンディオンセ加古川」の村井宏起選手＝8月、兵庫県小野市

兵庫のチーム　後援企業で雇用

「お話ししましょう」「昭和何年生まれ？」。8月上旬、同県小野市の特別養護老人ホーム「ふたばの里」でサッカーチーム「バンディオンセ加古川」の村井宏起選手(22)は利用者らと楽しげに談笑していた。トイレや就寝介護などの体力仕事のほか、気分の浮き沈みのある高齢者とも散歩や会話で根気強く接する。同僚からも「頼りがいがある」と好評だ。

チームは関西1部リーグに所属し選手は約30人。一般社団法人「日の出医療福祉グループ」（加古川市）の関連会社がスポンサーになっている。今年初め、同法人の事業拡大に伴って選手を正社員に迎える計画が持ち上がった。仕事に悩む選手には渡りに船。4月から新卒を含めた選手9人とトレーナー1人が介護施設などで働き始めた。

ふたばの里では村井選手ら2人が勤務。平日午前中は体幹トレーニングやゲーム形式の練習を約2時間こなし、加古川市のグラウンドから約10㌔の職場に向かう。正午から働く特別なシフトが組まれている。村井選手は「体力的にはきつい時もあるが、周りの理解もあって心強い」と笑顔を見せる。

大塚靖治監督(35)によると、以前はアルバイトの選手も多く、勤め先の紹介に苦労した。「生活の安定がチームの課題だった。練習にも集中できる環境を与えてもらってありがたい」と話す。

力仕事の多い介護分野では若い労働力への期待が高く、事業者にとってアスリートは魅力的だ。同法人の西敏行人事部長は「スポーツ選手は体力があって利用者から人気もある。他のスポーツでも積極的に雇用したい」と意気込んでいる。

練習に励む村井宏起選手＝8月、兵庫県加古川市

事例③　合食

「合食」で最も報道連鎖が起きた事例です。

⑦　リード

合食は、減塩に関心の高い中高年層をターゲットとした「おいしい減塩」シリーズに、新アイテム2品を投入します。

「おいしい減塩　ビーフジャーキー」「おいしい減塩　ソースカツ」を、全国のコンビニ・スーパーにて新発売します。

※5W1Hになっていない、悪い例です。

⑧ⓐ　本文（独自の提供価値／特徴・差別点）

⑧ⓑ　本文（商品概要・企画概要）

⑧ⓒ　本文（背景・社会的課題・志・想い）

⑧ⓓ　本文（失敗・苦労話・克服要因）

プレスリリース作成戦略企画表

項目	内容
案件名	「減塩おつまみ商品シリーズ」新アイテム発売
戦略目的	「減塩おつまみ商品シリーズ」販売促進
戦略目標	販売目標○○億円の達成
対象顧客ターゲット	高血圧で塩分を控えている、お酒が好きな中高年男性
知らせたいメディア	日経はじめ全国紙・テレビ関東キー局・中高年向け健康雑誌（壮快、健康など）、神戸新聞、テレビ関西局、食品関係業界紙・誌
ニュース価値	特徴：中長期的に継続している「健康志向」を捉えた「時流性」
	差別点：「おいしい減塩おつまみ」という「意外性」「独自性」
具体的内容	WHO（誰が）株式会社合食
	TO WHOM（誰に）高血圧で塩分を控えている、お酒好き中高年男性
	WHEN（いつ）２０●●年×月×日
	WHERE（どこで）全国のスーパー・コンビニ
	WHAT（何を）「減塩おつまみシリーズ」
	HOW（どのように）特別製法で、減塩とおいしさを両立 （ドラマを引き出す５つの質問③失敗） ・「おいしい減塩おつまみ」に対する消費者ニーズにいち早く着目していたが、時代を先取りし過ぎていたため、販売が伸び悩んでいた
	（ドラマを引き出す５つの質問④成功） ・「おいしい減塩シリーズ」が大ヒット、新規販売チャネルの開発、シリーズアイテムの拡充、総売上の飛躍的な拡大を達成 ・特別製法、長年蓄積した原材料調達力、商品開発力、営業力が成功要因

項目	内容
具体的内容	WHY: なぜ（背景・趣旨・目的） ・お酒好きな中高年男性が高齢化により高血圧になり、塩分の多いおつまみが食べられない ・減塩の商品もあるがおいしくない、塩分を気にせずおつまみが食べられるようにしたい。 （ドラマを引き出す５つの質問①きっかけ・動機） ・某企業から「おいしい減塩おつまみ」共同開発のお声掛けをいただいた （ドラマを引き出す５つの質問②志・想い） ・水産物を中心とした、安心・安全で上質な健康にこだわった食品を提供したい
	HOW MANY（どのくらい；数量）
	HOW MUCH（いくらくらい；金額）
	HOW LONG（どのくらい；期間）
	HOW IN THE FUTURE（今後どうする：方針・戦略） （ドラマを引き出す５つの質問⑤理想・ビジョン） ・水産物中心の素晴らしい日本食文化を大切に継承 ・安心・安全で上質な、健康にこだわった食品づくり ・食の提供を通じて人と人を笑顔でつなぎたい
取るべきアクション	・記者クラブへの投げ込みの後、個別に地元メディアへの電話フォロー、訪問アプローチなど ・マスコミ掲載記事をホームページに掲載、ＰＯＰや商談配布資料にも転載（※マスコミの許可が必要）

減塩ブームに関する NEWS RELEASE

Goshoku
Foods for Uniting People

2017(平成 29)年 11 月 2 日
株式会社合食 http://www.goshoku.co.jp/

合食、「おつまみの塩分が気になる」方に、「おいしい減塩」新アイテム発売

減塩ニーズは調味料から加工食品へ拡大、減塩食品は種類も売上も急増、減塩ブームへ

合食は、減塩に関心の高い中高年層をターゲットとした「おいしい減塩」シリーズに、新アイテム2品を投入します。「おいしい減塩 ビーフジャーキー」「おいしい減塩 ソースカツ」を、全国のコンビニ・スーパーにて新発売します。

<背景>

厚生労働省は、高血圧や脳卒中などの生活習慣病予防のため、ナトリウム(食塩相当量)の目標量を設定していますが、達成できていません。お客様の減塩ニーズは、味噌や醤油等の調味料から魚介加工品、ハム・ソーセージ、菓子・つまみ類等の加工食品へ拡大、減塩食品は種類も売上も急増、減塩市場は急拡大しています。

従来、減塩食品は「物足りない」「おいしくない」イメージがあり積極的に使っていない方も多かったため、「おいしさ」と「減塩」を両立させた商品が待望されていました。

<経緯>

当社では、いち早くこのお客様ニーズに着目し、「おいしさそのまま、塩分カット」をコンセプトに独自の製法で「おいしさ」と「減塩」の両立に成功し、2013(平成 25)年「荒ほぐし鮭 減塩」を発売しました。

その後、2016(平成 28)年秋には、「おいしい減塩」おつまみシリーズ 3 品(「焼ししゃも」「くんさき」「さきいか」)を新発売、2017(平成 29)年春には、同シリーズに「いかの姿あげ」「いか天」「やわらかいか天」「焼きえび」「ドライソーセージ」を追加し、ラインアップを充実させ、新アイテム含め、「おいしい減塩」おつまみシリーズは全 10 アイテムとなりました。

<新アイテムの特長>

「おいしい減塩 ビーフジャーキー」**お客様ニーズが拡大している畜肉珍味の減塩版**
「おいしい減塩 ソースカツ」**お客様のご要望の多かったロングセラー商品の減塩版**

<今後の方針>

当社は長期経営計画の基本方針として、弘前大学等の大学や医療機関とのオープンイノベーションによる健康・美容食品開発を掲げており、「おいしい減塩シリーズ」には、「ヘルシースナッキング」シリーズとともに今後も注力し、お客様の健康に良く美味しい新アイテムを追加投入する予定です。

<会社概要> 商号:株式会社合食 本社:神戸市兵庫区中之島 1 丁目 1 番 1 号 〒652-0844
代表者:代表取締役社長 砂川 雄一 設立:1948(昭和 23)年 6 月 資本金:9020 万円
業務内容:水産商社・加工食品メーカー 売上高:447 億円 従業員数:649 名 (2017 年 3 月期)

本件に関するお問合せ先:株式会社合食 広報担当 中島 史朗(なかしま しろう)
Mobile:090-7552-1599 E-Mail:asinami10@gaia.eonet.ne.jp Tel:078-777-4106 Fax:078-672-9222

■おいしい減塩シリーズ

発売日	商品名	商品特長	希望小売価格	規格	賞味期間	入数	JANコード
9月12日	ソースカツ	濃厚甘辛ソースがしみ込んだ、サクっとした食感が人気のソースカツを、25%減塩しました。（当社「ソースカツ」対比）	オープンプライス	4枚	180日	10袋×6	4901540412734
	ビーフジャーキー	ニュージーランド産の牛のもも肉をたれ付けし、肉の風味を凝縮しました。ほんのりスパイシーな味わいです。25%減塩。（日本食品標準成分表2015「ビーフジャーキー」対比）		25g	150日	5袋×8	4901540412741

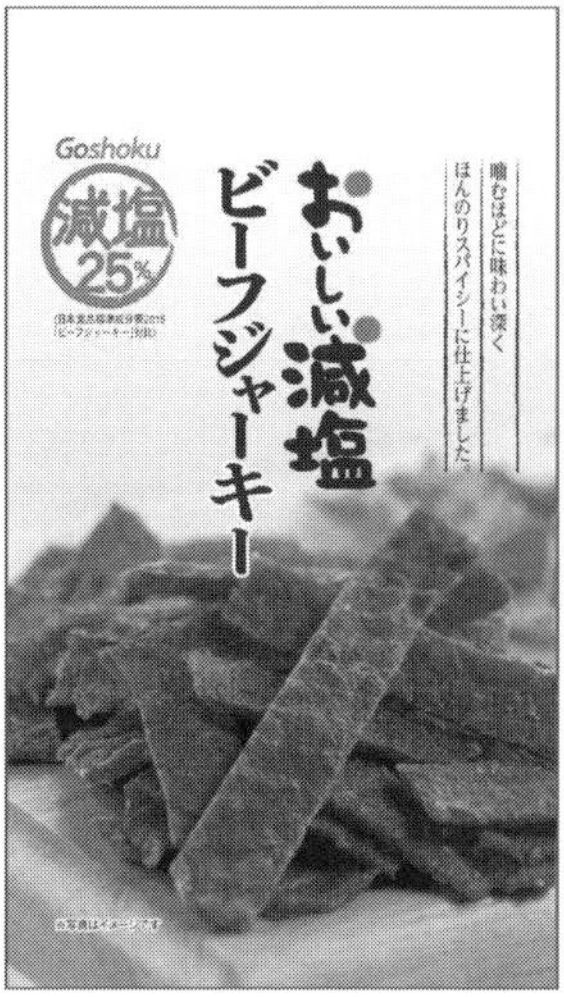

<株式会社 合食 会社概要>

商号：株式会社合食　本社：神戸市兵庫区中之島1丁目1番1号　〒652-0844

代表者：代表取締役社長　砂川　雄一　創立：1948（昭和23）年6月　資本金：9020万円

業務内容：水産商社・加工食品メーカー　売上高：447億円　従業員数：649名（2017年3月期）

株式会社合食は、「食が人をつなぎ、人が食をつなぐ」というスローガンのもと、水産・食品・物流の3事業部体制で流通の川上から川下までをカバーする「食の総合企業」です。食材の品質を鑑定する目利き力、加工・保存技術、多彩な調理レシピ、健康的なライフスタイルは世界に誇る素晴らしい日本の食文化です。これらを受け継いだ合食グループは、世界に誇る日本の知恵を集積しています。そして更に新しい価値を創造し続けることで食を通じて人と人をつなぎ世界中の人たちのもっと豊かな未来の実現に貢献していきます。

⑧ⓔ　本文（成功・課題の解決・成功要因）

※必ずしも雛形通りの順番になっておらず、雛形の要素をすべて網羅していません。雛形は大切ですが、型にとらわれる必要はありません。

⑩　会社概要

商号：株式会社合食（ごうしょく）

※経営理念や社是などもプレスリリースに盛り込むようにしてください。借り物でない自分の言葉で書かれた経営理念は記者の心を捉えることができます。逆に、薄っぺらな、社名を取り替えたらどの会社でも通用しそうな、きれい事を並べた経営理念は逆効果です。自分たちだけの経営理念に作り直してください。

事例④　理学療法士・羽原和則さん

次は、大阪と東京を拠点に活躍する理学療法士の羽原和則さんの事例です。原因不明の慢性腰痛・ひざ痛・肩こりを、関節のひっかかりを元通りにする施術法で、６０００人以上完治させてきました。「10秒関節リセット」という本を出版し、そのＰＲをしたいと相談に来られました。私がプレスリリースのお手伝いをして、夕刊フジ、雑誌「壮快」に取り上げられました。

①　**戦略目的**

❶「第3の痛み」（注：原因不明の腰痛・ひざ痛・肩こりのこと）があり、その原因を解決する方法（「関節のひっかかりを元に戻す施術法」＝「10秒関節リセット」）の普及・啓蒙↓

❷それにより、（整形外科医の）ムダな薬・注射・手術を無くし、医療費削減に貢献↓

❸（「10秒関節リセット」を習得する）後進の育成↓

❹開業権の獲得（現在理学療法士は独立開業できない。制度改革・治療者の数も必要）

ここに書かれているような目的を書きましょう。プレスリリースを送るのはマスコミに載ることが目的ではありません。マスコミに載ることはあくまでも中間的な目標です。その先に本当の目標があるはずです。売上拡大とか、優秀な人材の確保とか、その目的を書きましょう。

プレスリリース作成戦略企画表

項目	内容
案件名	「10秒関節リセット」施術法の普及
戦略目的	①原因不明の腰痛・ひざ痛・肩こりの原因を解決する、「関節のひっかかりを元に戻す施術法」＝「10秒関節リセット」）の普及 ②（整形外科医の）ムダな薬・注射・手術を無くし、医療費削減に貢献 ③（「10秒関節リセット」を習得する）後進の育成 ④開業権の獲得（理学療法士は独立開業不可）
戦略目標	慢性疼痛患者2315万人（６割が腰痛） 医療費・療養費は毎年１兆円超で推移（６割が整形外科） 経済的損失は３兆円以上
対象顧客ターゲット	・（腰痛やひざ痛に悩む）ゴルファー ・（原因が）自律神経（と言われた方） ・イップスに苦しむスポーツ選手 ・腰痛やひざ痛（に悩む一般の方）
知らせたいメディア	テレビ・新聞・雑誌（健康・ゴルフ・スポーツ） テレビは、ローカル局の夕方ワイドショー 新聞は、全国一般紙の健康医療面、スポーツ紙、夕刊紙 雑誌は、健康誌・ゴルフ誌・一般週刊誌
ニュース価値	特徴：１回で慢性腰痛を完治させるという施術の新規性
	差別点：「10秒関節リセット」という理論の独自性
具体的内容	WHO（誰が）羽原和則
	TO WHOM（誰に）上記ターゲットと同じ
	WHEN（いつ）２０●●年×月×日
	WHERE（どこで）グランプロクリニック銀座・大阪森之宮オフィス
	WHAT（何を）「10秒関節リセット」の施術法
	HOW（どのように）関節のひっかかりを元通りに戻す （ドラマを引き出す５つの質問③失敗） ・希望に燃え養成校に入学、最初の講義で「リハビリしても治らない」と聞かされショックを受け落胆 ・卒業まじかの実習病院で、即座に痛みを取り去る最新の治療技術を直接伝授され、寝食を忘れて技術の研鑽に取り組む

項目	内容
具体的内容	（ドラマを引き出す５つの質問④成功） ・自分の技術が向上し、国立病院で手術前の患者を治して退院させ、執刀予定の医師から怒られ、国立病院を退職、外来クリニックに転職 ・数多くの腰痛、ひざ痛、スポーツ障害の患者の原因を解決し、自分の治療技術に確信 ・口コミで広がり来院する患者が増加、そのうち整形外科医と衝突（整形外科は注射や手術をするが、自分は手技で治療してしまう） ・大相撲の御嶽海関、やり投げのディーン元気など数多くのスポーツ選手のはじめ30年間で6000人の治療実績 ・日本理学療法士学会、国立病院医学会などの学会でも発表
	WHY: なぜ（背景・趣旨・目的） （ドラマを引き出す５つの質問①きっかけ・動機） ・子どもの頃プロ野球選手を目指し、高等学校で野球部に入部 ・足首の捻挫などのケガや腰・ひざの痛みに悩まされ引退 ・テレビで山口百恵の「赤い衝撃」を見てリハビリという仕事を知る （ドラマを引き出す５つの質問②志・想い） ・けがで通院していた整形外科医に「理学療法士」の仕事を教えられる ・自分と同じように故障で苦しむスポーツ選手のリハビリのお手伝いがしたいと思い、３５年前に理学療法士の道を選ぶ
	HOW MANY（どのくらい；数量）
	HOW MUCH（いくらくらい；金額）
	HOW LONG（どのくらい；期間）
	HOW IN THE FUTURE（今後どうする：方針・戦略） （ドラマを引き出す５つの質問⑤理想・ビジョン） ・看護師の娘に「よいもの、治療技術があっても、困っている人に届けないと意味がない。ないのと同じ。」と言われ、書籍を出版 ・「病院や民間療法に行くも、痛みは良くならない。そんな人たちを救いたい ・医師に「もっと治療できる療法士を養成しなさい」と言われ、「療法士育成塾」を開設、全国の療法士に伝承 ・痛みに悩んでいる人やスポーツ選手を治療し、不安なく健康で生き生きとしたその人らしい生活を営んで欲しい
取るべきアクション	・有名スポーツ選手など、著名人で慢性疼痛に苦しむ方を完治させるなどの事例を蓄積、マスコミ等で情報発信し、治療法を普及 ・具体的には、YOUTUBEやオンラインセミナーを実施し、ランディングページへの問合せを増加させ、患者を救う ・この施術を学びたいという後進を育成し、慢性疼痛患者を着実に減少させるしくみを完成させていく

② **戦略目標**

慢性疼痛患者2315万人（6割が腰痛）

医療費・療養費は毎年1兆円超で推移（6割が整形外科）経済的損失は3兆円以上

この患者・医療費を少しでも減らすことを目標として設定されています。これだと遠大ですので、具体的な期限付き数値目標に落としこみたいところです。いつまでにどこまで達成するのか測定できるようにしましょう。

③ **対象顧客ターゲット**

（腰痛やひざ痛に悩む）ゴルファー、（原因が）自律神経（と言われた方）、イップスに苦しむスポーツ選手、腰痛やひざ痛（に悩む一般の方）

できる限り、性別・年代・職業・年収・未既婚・家族構成・住居形態・性格・趣味嗜好・ライフスタイル・関心事・接触メディアなど、具体的に詳しくイメージしてください。メディアを選定するときの参考になります。

WHEN（いつ）

この場合、本が既に出版されており、タイミングを設定することができません。

そんなときは、タイミングを創り出すのです。何らかの季節イベントや年間イベントにからめるとか、時事的なトレンドに関連づけるとか、マスコミが関心を持ちそうなタイミングを探して設定するのです。たとえば、寒くなると服を着こむので肩こりになるとか、テレワークが続くと同じ姿勢で長時間パソコンに向かうので腰痛になるなど、理由をつけてプレスリリースを出すのです。

マスコミの記者が納得できる理屈をつけて興味を引くことが大切です。

WHAT（何を）

書籍「10秒関節リセット」および「10秒関節リセット」の施術法

1回で原因不明の慢性腰痛・ひざ痛・肩こりを完治させる独自の施術法

これまでに、大相撲の御嶽海関、やり投げのディーン元気選手、女子ゴルフの福田侑子選手など、6000人の腰痛・ひざ痛・肩こりが1回の施術で完治

ＨＯＷ（どのように：手段・方法）

関節のひっかかりを元通りに戻す

「ドラマを引き出す5つの質問」のＱ３（失敗）Ｑ４（成功）を記入します。

Ｑ３（失敗）あなたが、失敗したことは何か？　どう克服したのか？

希望に燃え養成校に入学しましたが最初に講義で「リハビリしても治りません」と聞かされショックを受け落胆の日々が続いた学生生活でした。

ところが、卒業まじかの実習病院で、その医師に即座に痛みを取り去る最新の治療技術を直接伝授していただいて衝撃を受け、「これだ、私の求めているものは。この技術をマスターすれば、痛みで困っている患者やスポーツ選手を治せる」と思い、寝食を忘れて技術の研鑽に取り組みました。

自分の技術が向上したとき、国立病院で手術前の患者を治して退院させ、執刀予定の医師から怒られたこともあり、手術前に治してみたい思いで国立病院を退職し、外来診療のできるクリニックへ勤務。数多くの腰痛、ひざ痛、スポーツ障害の患者の原因を解決し自分の治療技術に確信を持ちました。

Q4（成功）あなたが、成功したことは何か？なぜ成功したのか？

その効果は、口コミで広がり来院する患者が増え最初のうちは整形外科医も喜びますが、そのうち問題が生じます。

たとえばひざの痛み。整形外科では必ず注射をしますが、それがかえって腫れや痛みの改善を妨げているという事実。経営上？「注射は打たないで」とは言えません。

そんな逆境にも負けず、目の前の患者と向き合って、現在では大相撲の御嶽海関、やり投げのディーン元気など数多くのスポーツ選手のはじめ30年間で6000人の治療実績を積み重ね、日本理学療法士学会、国立病院医学会などの学会で発表もさせていただきました。

WHY（なぜ：志・想い）

「ドラマを引き出す5つの質問」のQ1（動機・きっかけ）Q2（志・想い）を記入します。

Q1（動機・きっかけ）あなたは、なぜ、それをするようになったのか？

私は子どもの頃プロ野球選手を目指し、大阪府立市岡高等学校入学、硬式野球部に入部しました。が、チャンスを頂くも足首の捻挫などのケガや腰・ひざの痛みに悩まされ完全燃焼せずに引退し、プロ野球選手の夢を断念しました。その頃テレビで山口百恵の「赤い衝撃」を見てリハビリという仕事を知りました。

Q2（志・想い）あなたは、今、どんな志・想いで、それをやっているのか？

卒業後の進路を決めるとき、けがで通院していた整形外科医に「理学療法士」という仕事があると教えていただきました。自分と同じように故障で苦しむスポーツ選手のリハビリのお手伝いがしたいと思い、35年前に理学療法士の道を選びました。

HOW MANY（数量等）
HOW MUCH（金額等）
HOW LONG（期間）

今回は出せる数字がなかったのでパスしました。書けない項目は無理に書く必要はありません。

HOW IN THE FUTURE（今後のビジョン・方針）

「ドラマを引き出す5つの質問」のQ5（理想・ビジョン）を記入します。

Q5（理想・ビジョン）あなたは、その活動で、どんな世の中を実現したいのか？（理想、ビジョン）

看護師の娘に「よいもの、治療技術があっても、困っている人に届けないと意味がない。ないのと同じ。」と言われたことをきっかけに、「病院や民間療法に行くも、痛みは良くならない。そんな人たちが私のところへ治療にやってくる。私は真実を書きたい」との想いから、今年8月、これまでの研究成果をもとに「10秒関節リセット」という本も出版しました。

経験実績が医師にも認められ、「もっと治療できる療法士を養成しなさい」と言われ、「療法士育成塾」も開設し、全国の療法士に伝承していくことで、その先にいる痛みに悩んでいる人やスポーツ選手を治療し、不安なく健康で生き生きとしたその人らしい生活を営んで欲しいと思っています。

⑦　プレスリリース後、取るべきアクション

有名スポーツ選手など、著名人で慢性疼痛に苦しむ方を完治させるなどの事例を蓄積するとともに、事例を交えた情報発信を強化継続します。具体的には、YOUTUBEやオンラインセミナーを実施し、ランディングページへの問合せを増加させ、患者を救っていきます。著名人の事例をマスコミで紹介することにより、独自の施術法を世の中に普及浸透させ、、この施

Physical Pro

2021年　月　日

(有)K'z　フィジカルプロ

https://npm-physicalpro.com

報道関係者各位

コロナフレイル続出。在宅生活長期化のなか

慢性的な腰痛を即座に根本的に取り除く治療法が話題

大相撲の御嶽海など約6000人を、理学療法士が完治

【概要】

理学療法士の羽原和則（はばら・かずのり）は、テレワークで悪化する原因不明の痛み（腰痛・肩こりなど）を、真の痛みの原因である「関節のひっかかり」を正す技術により、1回で痛みを即座に根本的に取り除いています。今、羽原本人がこの技術を紹介した「10秒関節リセット」という本を読んで治療を受け完治した人が続出し、クチコミで話題が広がっています。

羽原和則

御嶽海関の治療

ディーン元気選手と羽原

著書

現在までに30年で約6,000人の治療実績があり、その中には大相撲の御嶽海関（治療の翌場所に優勝）、アテネ五輪体操金の冨田選手、元ダイエーホークスの篠原投手、やり投げのディーン元気選手、女子ゴルフの福田祐子選手など有名スポーツ選手が数多く含まれています。この技術と成果については、日本理学療法士学会、国立病院医学会、関節ファシリテーション学会での発表も行い、2019年には、理学療法士約3,000人の中から年間1名のみ選ばれる「SJF賞」を受賞しました。

【現状と課題】

慢性の痛みを抱える患者は2315万人と言われており、整形外科を始め整骨院、マッサージ、針灸、カイロプラクティックなどの民間療法を試しています。

ところが、痛みの本当の原因である「関節のひっかかり」にアプローチしていないため、いたずら時間とお金を使うばかりで、根本的な痛みの解消ができていないという現実があります。それどころか、場合によっては、不必要な注射や手術を行ってかえって症状を悪化させたり、「百害あって一利なし」の治療で自律神経失調症やイップスになったりすることすらあります。

【問合せ窓口】

有限会社K'z フィジカルプロ　代表　羽原和則（はばら・かずのり）
〒540-0003 大阪市中央区森ノ宮中央1-6-19 TNビル602
TEL:06-6949-3171 携帯:080-5339-3171 Mail:kz.physicalpro@gmail.com
（痛みとコンディショニング研究所） https://kz-physicalpro.com/
（療法士育成塾） https://npm-physicalpro.com/
（羽原和則【フィジカルプロ・公式】チャンネル） https://bit.ly/2C8ePO4

【著者略歴】

1964年、大阪市生れ。幼いころから野球少年で、高校でケガや痛みに悩まされて野球を断念、自分と同じように故障で苦しむスポーツ選手のリハビリのお手伝いをしたいと思い、理学療法士を志す。養成学校の実習で、関節痛治療における日本の権威の医師・博田節夫と理学療法士・宇都宮初夫に出会い、即座に痛みを取り去る最新の治療技術を直接伝授される。大阪労災病院と国立大阪病院に勤務後、スポーツ選手の治療などを行うスタジオを開設。

Physical Pro

2021年1月18日
(有)K'z フィジカルプロ
https://npm-physicalpro.com

【経緯】

羽原和則は、子どもの頃プロ野球選手を目指していたがケガや痛みで断念し、自分と同じように故障で苦しむスポーツ選手のリハビリをお手伝いしたいと思い、理学療法士の道を志しました。そして、養成学校の実習で、即座に痛みを取り去る最新の治療技術を直接伝授されて衝撃を受け、「この技術をマスターすれば、痛みで困っている患者やスポーツ選手を治せる」と思い、寝食を忘れてこの技術の研鑽に取り組みました。

福田侑子選手

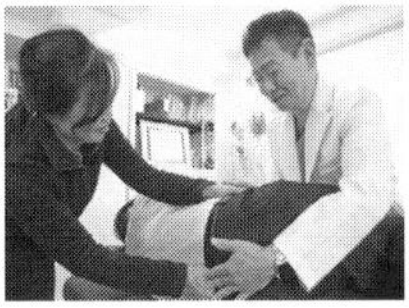

治療の様子

SJF賞受賞

自分の技術が向上したとき、国立病院で手術前の患者を治して退院させ、執刀予定の医師から怒られたことが引き金となって、手術前に痛みを治したい思いで国立病院を退職し、外来診療のできるクリニックへ勤務しました。そして、数多くの腰痛、ひざ痛、スポーツ障害の患者の原因を解決し自分の治療技術に確信を持つようになりました。その効果は、口コミで広がり来院する患者が増えてくるようになりました。

【今後の活動】

ただし、人伝えのクチコミでは限界があります。そんな時、看護師の娘に「よい治療技術があっても、困っている人に届けないとないのと同じ」と言われました。これをキッカケに「病院や民間療法に行っても痛みは良くならない。そんな人たちが私のところへ治療にやってくる。私はこの治療技術を伝えて、少しでも痛みに悩んでいる人を助けたい」との想いから、今年8月、これまでの研究成果をもとに「10秒関節リセット」」という本を出版しました。

一方、これまでも1,500人以上にこの技術を教えてきましたが、経験実績が医師にも認められ、「もっと治療できる療法士を養成しなさい」と言われ、「療法士育成塾」 も開設しました。これからは、全国の療法士にこの治療技術を伝承していくことで、その先にいる痛みに悩んでいる人やスポーツ選手を治療し、不安なく健康で生き生きとしたその人らしい生活を営んで欲しいと願っています。

【問合せ窓口】
有限会社K'z フィジカルプロ　代表　羽原和則(はばらかずのり)
〒540-0003 大阪市中央区森ノ宮中央1-6-19 TNビル602
TEL:06-6949-3171 携帯:080-5339-3171 Mail:kz.physicalpro@gmail.com

(痛みとコンディショニング研究所) https://kz-physicalpro.com/
(療法士育成塾) https://npm-physicalpro.com/
(羽原和則【フィジカルプロ・公式】チャンネル) https://bit.ly/2C8ePO4

◆活動先◆
(東京) グランプロクリニック銀座
〒104-0061 東京都中央区銀座2-8-18 グランベル銀座5階
(大阪) 痛みとコンディショニング研究所 フィジカルプロ
〒540-0003 大阪市中央区森ノ宮中央1-6-19 TNビル602

夕刊フジ　2021年4月9日付

テレワークの増加で、肩こりや腰痛が悪化している人は多い。整形外科では異常ナシと言われ、整骨院やマッサージで施術を受けても、気持ちは良いが、一時的な効果だけ――そんな人にお勧めしたいのが「痛みの根本をリセットする」という発想である。

ベストセラー 5分でわかる 健康法

痛みの原因である「関節のズレ」をリセット

慢性的な痛みを素早く根本的に取り除く治療法を紹介した本『痛みの9割がたちまち消える　10秒関節リセット』（SBクリエイティブ）が話題だ。

著者の羽原和則（はばら・かずのり）氏＝顔写真＝は、大相撲の御嶽海や、アテネ五輪の体操金メダリスト、冨田洋之選手などのアスリートを含め、30年間で6000人に施術してきた実績を持つ理学療法士。

腰痛やひざ痛、肩こりなどの慢性的な痛みの場合、繰り返し施術を受けても、症状が改善・解消しないことが多い。それは、痛みの原因を特定できていないからであり、「痛みのある場所と痛みの原因のある場所が一致していないから」と羽原氏。こう続ける。

『痛みの9割がたちまち消える　10秒関節リセット』（SBクリエイティブ）1430円

「原因のない痛みはありません。レントゲンやMRI、血液検査で数値化できない痛みは、関節わずか数ミリの"ひっかかり"により生じることが分かりました。慢性腰痛の85%はこれにあたります」

そもそも関節が正しい状態にあると、筋肉もしなやかに伸びた状態になるが、正しいルートを通っていないと、関節がズレて関節内に引っ掛かりができ、痛みが生じて、筋肉はそれを守ろうとして硬直する。関節のズレは、ちょっとした捻挫や生活習慣から引き起こされるもの―と著者は主張する。

つまり、「関節のズレ」を元に戻せば良いわけだが、なかでも羽原氏が注目するのは「腰仙（ようせん）関節」という小さな関節である。

これは、日本に最初にリハビリの概念を根付かせた元国立大阪南病院の医師・博田節夫氏（現　日本AKA医学会会頭）と、共にリハビリの手法を確立した理学療法士・宇都宮初夫氏（SJF学会理事長）の2人に指導を受けた経験から、羽原氏が実践した理論だ。本書では自分でできる「10秒関節リセット」を提案する。

痛みの部位ごとにチェックとエクササイズがあるが、ここでは他の部位の不調も増長させている可能性がある「腰仙関節」の一例をご紹介したい。ただし、必ずチェック→エクササイズ→チェックの順で行うこと。

【腰の痛みチェック1】
①背筋を伸ばして直立する
②前屈して、手の指先が床にどこまで近づけるのかをチェックする

【腰のエクササイズ1】
①あおむけに寝て、両膝を揃えて立てる
②お腹を引っ込めながらお尻を持ち上げ、骨盤の上部を後ろに倒す。胸のあたりで両腕をクロスするとやりやすい
③ゆっくりと元の状態に戻る
④背中を浮かせ、骨盤の上部を前に傾ける
⑤ゆっくりと元の状態に戻る。②～⑤をさらに2回繰り返す

ただし、内臓疾患などで痛みを生じている可能性もあるため、これらは明らかに慢性痛と分かっている場合のみ行うこと。痛みを感じるほどやらないこと。1度に行うエクササイズは2～3回にとどめることが大切だ。

（田幸和歌子）

■テレワークで悪化した「首の痛み」を解消！

□首の痛みチェックする
①イスに背筋を伸ばして座り、両手は太ももに置く
②首をゆっくり前に倒したり後ろにそらしたりして、どこまで曲げることができるか、痛みの有無と程度をチェックする

□首の痛みエクササイズ
①イスに背筋を伸ばして座り、両手は太ももに置く
②うなずくように軽くあごを引き、元に戻す。
③1～2をもう1回繰り返す
チェック→エクササイズ→チェックにより、首の動きや痛みの有無・程度に変化があったかをチェックする

※解消術の一例です

術を学びたいという後進を育成し、慢性疼痛患者を着実に減少させるしくみを完成させていくことを考えています。

4 効果絶大！　お手紙プレスリリース（中島流）

ＰＲコンサルタントの坂本宗之祐先生が著書『手紙を書いてマスコミにＰＲする方法』で提唱されている「お手紙プレスリリース」を独自にアレンジした「中島流・お手紙プレスリリース」の作成方法をお伝えします。

構成は以下の通りです。

① タイトル

通常のプレスリリースのタイトルと基本的には同じです。が、あくまであなた個人から記者個人へのお手紙ですので、通常の場合以上に宣伝臭を消してください。初めて個人的にお手紙を出す相手にいきなり売り込みをする人はいません。そんなことをしたら今後二度と相手にされなくなるからです。これからも末永くお付き合いしていくつもりで、礼を尽くして書きましょう。

②　**ご挨拶・簡単な自己紹介**

通常のお手紙のように書き始めます。ふつうは「初めまして、××に住んでいる、○○の仕事をしている者です」から始まるでしょう。

③　**マスコミの報道活動、その記者さんの報道活動に対する感謝**

202ページでご紹介する方法でプレスリリースを送る記者を特定して送りますので、その記者の記事に対する感想や感謝をまじえて書きましょう。記者に語りかけるつもりで文章を綴ってください。

④　**現状**

自分がその活動を通じて解決したい社会的課題、あるべき姿とのギャップ、

⑤　**志、想い、原点（ドラマ質問②）**

あなたはなぜそれをやるのか？

⑥　**動機、キッカケ、出会い（同質問①）**
あなたはなぜそれをやるようになったのか？

⑦　**失敗、障害、敵、克服（同質問③）**
どんな障害、困難、敵があり、どんな苦労、失敗、挫折を経て、どう克服したのか

⑧　**成功、武器、味方、要因（同質問④）**
どんな武器、味方を得て、どんな成功、勝利を掴んだのか

⑨　**理想、ビジョン、あるべき姿（同質問⑤）**
あなたはそれを通じてどんな世の中を実現しようとしているのか？

以上、⑤～⑨は「ドラマを引き出す質問①～⑤」の答えをもとに、個人的な手紙文にアレンジします。

⑩　**結語**
「報道のお力でこの活動をお伝えください」と依頼します。

⑪ 問合せ連絡先

自身の携帯電話番号、固定電話番号、メールアドレス、ＦＡＸ番号、住所・氏名を簡潔に記します。

お手紙プレスリリースに限りませんが、宣伝チラシをそのままプレスリリースに添付するのは厳禁です。プレスリリースは情報提供であって広告ではありません。商品概要やイベント概要を伝えたいなら、横着せずにプレスリリースの中に書き込んでください。宣伝臭の少ない技術資料やカラー写真、動画であれば同封してもかまいません。

〈理学療法士羽源和則さんのお手紙プレスリリース例〉

（※現物は手書きですが残っていないため活字で掲載します）

前略　〇〇〇〇　様

コロナフレイル続出。在宅生活長期化のなか

慢性的な腰痛を即座に根本的に取り除く治療法が話題
大相撲の御嶽海など約六千人を、理学療法士が完治
していています。

初めまして、私は羽原和則（はばらかずのり）と申します。東京・大阪で理学療法士をしています。

慢性的な痛みで悩んでいる方を一人でも多く救いたい想いで、テレワークや在宅生活長期化で悪化のおそれのある、慢性痛を根本的に取り除く治療を実践しています。

◯◯様には、毎日の報道、大変お疲れ様でございます。おかげさまで私たちは最新の正確な情報を知ることができます。本当にありがとうございます。

さて、私は、二三一五万人が苦しむ慢性疼痛患者に対し、根本原因である「腰仙関節のひっかかり」を正し、痛みを一回で即座に取り除き、ムダに医療費を使わなくても済むようにするという治療を行っています。

世の中には、原因不明の痛みに苦しむ方が、整形外科を始め整骨院などの民間療法を試しておられますが、いたずらに時間とお金を使うばかりで、なかなか根本的な痛みの解消

ができていません。

私は子どもの頃プロ野球選手を目指していましたがケガや痛みで断念しました。自分と同じように故障で苦しむスポーツ選手のリハビリのお手伝いがしたいと思い、35年前に理学療法士の道を選びました。

希望に燃え養成校に入学しましたが最初に講義で「リハビリしても治りません」と聞かされショックを受け落胆の日々が続いた学生生活でした。

ところが、卒業まじかの実習病院で、その医師に即座に痛みを取り去る最新の治療技術を直接伝授していただいて衝撃を受け、「これだ、私の求めているものは。この技術をマスターすれば、痛みで困っている患者やスポーツ選手を治せる」と思い、寝食を忘れて技術の研鑽に取り組みました。

自分の技術が向上したとき、国立病院で手術前の患者を治して退院させ、執刀予定の医師から怒られたこともあり、手術前に治してみたい思いで国立病院を退職し、外来診療のできるクリニックへ勤務。数多くの腰痛、ひざ痛、スポーツ障害の患者の原因を解決し自分の治療技術に確信を持ちました。

その効果は、口コミで広がり来院する患者が増え最初のうちは整形外科医も喜びますが、そのうち問題が生じます。

・たとえばひざの痛み。整形外科では必ず注射をしますが、それがかえって腫れや痛みの改善を妨げているという事実。経営上？「注射は打たないで」と言えません。
・また、患者が病院の受付で私に診て欲しいと来院すると、順番が逆になり医師にとってはおもしろくなくなってきます。「ここは私の病院です」と院長から言われ、いづらくなります。
・ひざが痛くて初診の高齢者が、腰の関節を治療し痛みがとれたことに喜び、診察で医師にそのことを言ったら、整形外科医は指示したことをやってないと怒り、腰は触るな！関係ない！腰禁止！もうわけがわかりません。
世間ではそんなことが多く、さらに在宅では腰の手術を３回も受けたにも関らず障害が残り生活保護になった方もいて、もし私が手術前に診ていたらそんなことが起こらなかったのではと残念で仕方ありません。

そんな逆境にも負けず、目の前の患者と向き合ってその後は、当時ダイエーホークスの篠原投手、アテネ五輪体操金メダリストの冨田選手や、現在では大相撲の御嶽海関、やり投げのディーン元気選手、プロゴルファーの福田侑子選手など数多くのスポーツ選手をはじめ32年間で６０００人の治療実績を積み重ね、日本理学療法士学会、国立病院医学会などの学会でも発表させていただきました。

そして、看護師の娘に「よいもの、治療技術があっても、困っている人に届けないと意味がない。ないのと同じ。」と言われたことをキッカケに、「病院や民間療法に行くも、痛みは良くならない。そんな人たちが私のところへ治療にやってくる。私は真実を書きたい。」との想いから、昨年8月、これまでの研究成果をもとに「10秒関節リセット」という本も出版しました。

経験実績が医師にも認められ、「療法士育成塾」も開設し、全国の理学療法士に伝承していくことで、その先にいる痛みに悩んでいる人やスポーツ選手を治療し、不安なく健康で生き生きとしたその人らしい生活を営んで欲しいと思っています。

長くなってしまい、誠に申し訳ありません。ご多忙のところ恐縮ですが、もしよろしければこの件についてご取材いただき、報道のお力で多くの方に知らせて頂ければ幸いです。何卒、よろしくお願い申し上げます。

草々

令和三年　月　日

有限会社K'z　フィジカルプロ　羽原和則（はばらかずのり）
大阪市中央区森ノ宮中央1―6―19　TNビル602
電話　06―6949―3171

追記、お時間ありましたら、一度ご体感ください。
携帯電話　070―5438―0330
活動先（大阪）・痛みとコンディショニング研究所　フィジカルプロ
大阪市中央区森ノ宮中央1―6―19　TNビル602
・法円坂訪問看護ステーション
大阪市中央区谷町4―5―9　谷町アークビル1104

5 プレスリリース文章術

1．プレスリリースは正しい〝日本語〟で書け

あるとき、新聞記者に言われました。「ひどいプレスリリースが多い。読む気にならない。日本語になっていない。何が言いたいのかわからない。あ、中島さんは大丈夫、読みやすいから」

またあるとき、もとテレビ局のディレクターさんに言われました。
「プレスリリースの9割は即ゴミ箱ですね。右から左です。ほとんどのプレスリリースはゴ

ミです」

私がある人のプレスリリースの原稿チェックを依頼されたとき、次のように思いました。

「日本人の日本語の力は相当劣化しているのかもしれない。思いつくままダラダラと書いているだけ。話が途中から漂流し、どこへたどりつくのかわからない。何が言いたいのかよくわからない。他のプレスリリースを見てもそんな文章が多い」

おそらく、ふだん新聞を読んだり、本を読んだりしていないんでしょう。文章を書く機会もほとんどなかったんでしょう。きちんと筋道立てて物事を考える機会がなかったんでしょう。きちんと考える機会がなければまともな文章を書くことができないのも無理はありません。考えたことしか書けないのですから。論理的に文章を書くには考える力を身につける必要があるのです。

①まず自分の言いたいことをいったんすべて書き出してください。
②前出の「プレスリリース作成戦略企画表」のようなツールを使って、自分の言いたいことを整理してまとめてください。このステップを飛ばしていきなり書き始めるから文章が蛇行し、何が言いたいのかわからなくなっていくのです。
③何をどの順番で書けば相手にとってわかりやすいのか、最後まで読んでもらえるのか、あ

なたの商品サービスの魅力を印象に残すことができるのか、よく吟味して組み立ててください。

論理的な文章を書くための考える力とは、この組み立てる力のことなのです。

建築と同じです。家を建てるときには、土台を築き柱を組み屋根を付けて骨組を完成させ、その上に壁を塗り天井を張り窓をはめて完成していきます。色鮮やかなステンドグラスが入った窓がセールスポイントだからといって、いきなり最初から窓をはめようとしないはずです。建物の窓枠がないのに窓をはめることなんてできません。文章も同じです。あらかじめ文章の骨組みを考えた上でどこにセールスポイントを持っていくのか決めていくのです。まともな文章を書くためには、このような緻密に計算して文章の組み立てを考える力、構成力が不可欠なのです。

構成力を養うためにお手本になる正しい文章をたくさん読みましょう。古典や新聞がいいでしょう。新聞に載せてほしいんですから。電子版でもいいですよ。テレビを狙う場合も同じです。テレビのニュースも、まず原稿を作り、それを読んでいるのですから。結局、テレビも新聞も、きちんとした文章力がなければ、あなたの商品サービスの魅力を伝えるどころか、最後まで読んでもらえず理解してもらえません。構成力を身につけましょう。

新聞記者はそもそも活字好きです。若い頃から記者を目指してきた人ですから当然ですね。そんな人が入社早々、先輩から文章術を徹底的に叩きこまれるわけです。自分の書いた文章が原型をとどめないくらいボロボロにされることもあるそうです。そうやって鍛えられていくのです。自分は多少文章が書けると思っていた人だけに、プライドが傷つけられることになります。（あ、新聞記者ではありませんが、私も似たような経験があります…）

そんな人が、日本語になっていない、ひどいプレスリリースを見たらどう思うでしょう？

しかも、その内容がニュースとは言えない、単なる自分勝手な売り込みだったとしたら？

「顔洗って出直してこい」

私なら、そう言います。

日本語を正しく書きましょう。具体的な書き方は次の2.をご覧ください。

2. 文章作成の技術

この項については理系ライター集団「チーム・パスカル」のメンバー・大越裕氏の主宰する「プロライター道場」で学んだことを参考にさせていただいています。

(1) ビジネス文全般

① まず粗く最後まで書きましょう。1割から2割多めに書き、後で削っていきましょう。そのためには事前に材料・事実を収集しまくることです。ニュースとは事実を伝えるものです。必要な勉強をしっかりしておきましょう。

② 途中でつまづいたらそこは飛ばしてとりあえず全体をつくりましょう。

③ 見やすく、読みやすく、分かりやすい文章。簡潔で平明な文章を心掛けてください。小学5年生が読んですぐわかることを目指してください。それには親しみがありよく使う言葉を選び正確に使うことです。ひとりよがりの新奇な言葉を造ったりしないようにしてください。

④ うまく書こうとする必要はありません。相手に伝わるように書きましょう。すらすら読めなければ途中で捨てられます。

⑤ 1文の文字数は多くてもできれば40文字までにしてください。長くても45文字以内におさめてください。文章が長くなってしまったら、必ず2文以上に分割してください。

⑥ 漢字は30％以内とし、ひらがな・カタカナをまぜてください。格段に読みやすくなります。「我々」「従って」「事」「時」などは、原則ひらがなで書いてください。

⑦ 主語と述語はなるべく近づけてください。

⑧ 形容詞や副詞は、その係る言葉のすぐ前に持ってきます。

(2) プレスリリースの文章全般

① プレスリリースはいわばビジネスレターです。「ですます調」が基本です。記者が相手だからといって、「ございます」などの馬鹿丁寧な表現は不要です。また一字でも不要な文字は削りましょう。多忙な記者に不要な文字は読ませないことです。記者にとっては不要な文字はむしろ有害なのです。

② 読み手である記者を常に意識して、何をどのように書けば記者は振り向いてくれるのか、絶えず考え続けてください。

③ 正確に書きましょう。名前、数字、事実関係、すべて正確でなければニュースではありません。これは信頼できるという数字、この人は信頼できるという人の言葉だけ使ってください。

④ 曖昧な表現になるような形容詞や副詞をできるだけ使わないようにしてください。「快適な」「美しい」「とても」「かなり」などの表現は人によって基準が違います。

⑤ 「〜的」とか「〜性」という言葉は極力使わないでください。

⑥ 美辞麗句や感嘆詞（!、?）は不要です。記者は誇大表現に飽き飽きしています。

⑦ 具体的な数字や客観的な事象など、徹底的に事実（ファクト）で根拠を語るようにしてく

ださい。

（例）客観的なデータ・アンケート調査結果・研究成果など

⑧関係者の「現場」の「生の声」を入れることも効果的です。説得力が増します。その人のありのままの言葉、この人にしか言えない言葉、本物の肉声、がベストです。

⑨「想い」は、気持ちの入った自分の言葉で書きましょう。

(3) プレスリリースに使う用語・表現

①あまり一般的ではない専門用語の使用は避けてください。使う場合は必ず注釈を入れるようにします。知識ゼロの人に一から説明するつもりで書いてください。

②一般的に使わない外国語を使用しないことです。やむを得ず使う場合は、丸かっこして訳語か説明を付けてください。

（例）「リリース（公開）」「ローンチ（新発売）」「サプライチェーン（供給網）」

③略語、略称は一般的に浸透したものを除いて最初から使わず、略さない言葉を必ず付記してください。

（例）「サブスク（サブスクリプション）」「ＤＸ（デジタルトランスフォーメーション）」

④記者が調べないとわからないような言葉は使わない。

⑤　紋切り型表現はできるだけ独自の表現を使うように工夫してください。
(例)「うれしい悲鳴」「閑古鳥が鳴く」「首を長くして待つ」
⑥　重複表現を使ってはいけません。
(例)「ただ今の現状」「約数十キロ」「従来から」「いまだ未完成」「まだ時期尚早」
⑦　二重否定など回りくどい表現はやめましょう。
(例)「なきにしもあらず」
⑧　同じ表現を何度も使ってはいけません。類語に言い換えて使うようにしてください。
⑨　不要な接続詞はできるだけ省略します。
(例)「なお」「また」「そして」「一方」

(4)　プレスリリース作成の技術

①　受動態はやめ、能動態を使用します。「と考えられる」「と思われる」などは使いません。
②　適宜改行、段落分けし見やすくします。余白が無いと読む気になってもらえません。途中で脱落してしまいます。
③　箇条書きを活用し読みやすくしましょう。
④　各段落に「小見出し」をつけるのも、どこに何が書いてあるか分かりやすくなり。良い方

法です。「小見出し」は大きな太い文字にするのがおすすめです。

⑤ 文字は9～12ポイントにしてください。11ポイントを推奨します。文字が小さいと読んでもらえません。かといって大きすぎると間抜けな印象になります。文字の大きさ、太さに変化をつけることは推奨します。

⑥ 文字は、大きめ・濃いめで記載します。

FAXで送ることが多いので、白黒コピーでも読みやすいようにしておくのです。特にカラーの場合は白黒コピーされた場合の背景と文字の見え方によく気をつけてください。青地に赤文字、黄色地に白文字など、カラーで見るときれいですが白黒コピーすると文字が読めません。

⑦ 日本語を正確に書きましょう。漢字のミス・送り仮名のミスは致命的だと思ってください。今すぐ共同通信社の「記者ハンドブック」か、朝日新聞社の「用語の手引き」を買ってチェックしてください。

(5) 校正

① 校正については、一晩寝かせてから校正すると、誤字脱字などに気が付きやすくなります。

② 音読してみましょう。リズムが悪いところや、「えいや」と思って書いてしまったところ

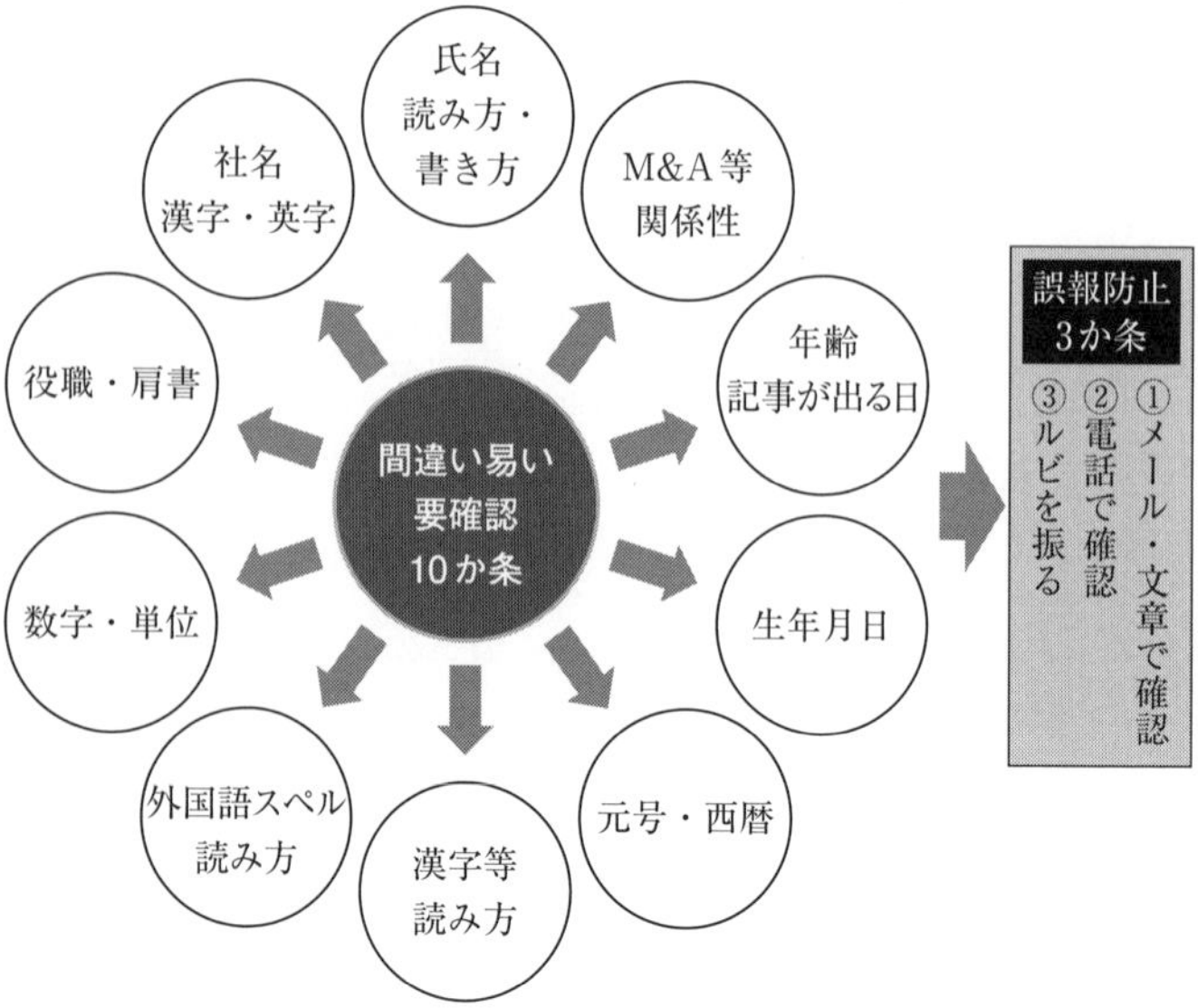

出所：山見博康『すぐよくわかる絵解き広報』同友館、2020年。

は必ずといっていいほどつまります。そこを修正しましょう。

③　自分で自分にツッコミを入れましょう。

④　また、できれば第三者の目も借りてダブルチェック・トリプルチェックします。

第三章

プレスリリースは書いてからが勝負

1 メディアリストを作ろう

1．メディアをリストアップする

第三章ではプレスリリースの送り方を説明します。実はこの送り方がきわめて重要です。「ネタを歓迎してくれそうなメディア・記者を探し出す」、プレスリリースの送り方のキモはここです。後は、持参するか、ＦＡＸするか、メールするか、郵送するか、手段を決め心を込めて実行するのみ、です。

「知らせたいメディア」＝「ネタを歓迎してくれそうなメディア」を探すには、山見博康先生の『すぐよくわかる絵解き広報』（以下『絵解き広報』）がおすすめです。この本の巻末には全国の主な記者クラブ、新聞社、テレビ局、業界専門紙・誌、通信社、雑誌、インターネットメディアなどの名称と、その住所・電話番号・ＦＡＸ番号（一部のメディアはメールアドレスも）が記載されています。これを見ながらあなたのネタを歓迎して

くれそうなメディアをリストアップしましょう。

『絵解き広報』以外では、『新版　広報・PRの基本』『広報・マスコミハンドブック　PR手帳』『マスコミ電話帳』にも主なメディアの情報が掲載されていますが、FAX番号やメールアドレスなどすべての情報が網羅されていないものもあります。その場合は電話して教えてもらいましょう。

また、競合他社のメディア掲載実績も調べて、そのメディアも狙いましょう。競合他社のホームページに記載されていないかチェックしてみてください。大きな図書館にある「新聞記事データベース」で調べる手もあります。調べ方は後述の「担当者ストーカーアプローチ」の項（201ページ）で詳しくご説明します。

2. メディリストの具体的な作り方

「ネタを歓迎してくれそうなメディア」のリストを作成します。

テレビなら番組名やコーナー名、新聞なら新聞名と貴社関連部署名、雑誌なら雑誌名、掲載欄名を特定してください。

メディアリストの作成方法に厳格なルールはありません。ご自身の使い勝手の良いように作ってください。ご参考までに、私が「合食」で作成したメディアリストを掲載しておきます。

TEL	FAX		〒	住所
078-371-3582	078-366-2014	神戸	650-0011	神戸市中央区下山手通7-1-24
078-362-7094	078-360-5511	神戸	650-8571	神戸市中央区東川崎町1-5-7
078-351-1771	078-361-3001	神戸	650-0021	神戸市中央区多聞通4-1-5
078-371-3221	078-371-7615	神戸	650-0023	神戸市中央区栄町通4-3-5 毎日新聞神戸ビル2階
078-333-5115	078-333-5120	神戸	650-0023	神戸市中央区栄町通1-2-10
078-331-4144	078-331-4149	神戸	650-0035	神戸市中央区浪花町60　神戸朝日ビル2階
03-3217-8065	03-3217-8389	東京	100-8055	千代田区大手町1-7-1
03-6252-8000		東京	105-7201	港区東新橋1-7-1 汐留メディアタワー
06-6204-1401	06-6201-9129	大阪	541-0043	大阪市中央区高麗橋1-4-2
078-361-7922	078-361-7814	神戸	650-0044	神戸市中央区東川崎町1-5-7 神戸情報文化ビル10階
03-6800-1111		東京	104-8178	中央区銀座5-15-8
06-6231-6341	06-6223-0886	大阪	541-0051	大阪市中央区備後町4-1-3 御堂筋三井ビルディング6F
078-362-5606	078-362-5692	神戸	650-0023	神戸市中央区栄町通4-3-5 毎日新聞神戸ビル6階
03-3270-0251		東京	100-8066	千代田区大手町1-3-7
03-3363-8616	03-3363-6935	東京	160-0023	東京都新宿区西新宿7-19-18　セードル新宿202
03-5644-7000	03-5644-7162	東京	103-8548	中央区日本橋小網町14-1
		大阪	530-8575	大阪市北区野崎町5-9 読売大阪ビル5F
06-6633-6441	06-6633-2436	大阪	556-8664	大阪市浪速区湊町2-1-57
06-6229-7005	06-6229-7147	大阪	530-8334	大阪市北区中之島2-3-18　中之島フェスティバルタワー23階
06-6346-8500	06-6346-8599	大阪	530-8278	大阪市北区梅田3-4-5
078-362-7293	078-366-3647	大阪	650-0044	神戸市中央区東川崎町1-5-7
06-7732-2311	06-6364-1738	大阪	531-8558	大阪市北区野崎町5-9 読売大阪ビル
06-6633-5843	06-6633-2314	大阪	556-8663	大阪市浪速区湊町2-1-57
0178-44-5111	0178-45-5900	八戸	031-8601	八戸市城下1丁目3-12
03-6920-2211		東京	100-8505	千代田区内幸町1-2-4
011-221-2111		札幌	060-8711	札幌市中央区大通西3-6
0178-70-2222	0178-70-2223	八戸	039-1114	八戸市北白山台5丁目2-5
082-236-2111		広島	730-8677	広島市中区土橋町7-1
06-6201-8214	06-6228-6811	大阪	530-8211	大阪市北区中之島2-3-18
06-6633-9711	06-6633-9696	大阪	556-8660	大阪市浪速区湊町2-1-57
		大阪	556-8660	大阪市浪速区湊町2-1-57

〈著者が作成した「合食」メディアリスト〉

	会社名	部署名	部数	氏名	役職名	メールアドレス	携帯電話
一般紙	日本経済新聞社	神戸支社					
	神戸新聞社	編集局経済部	516,811				
	産経新聞社	神戸総局					
	毎日新聞社	神戸支局					
	読売新聞社	神戸総局					
	朝日新聞社	神戸総局					
	読売新聞社	家計の知恵編集室					
	共同通信社	経済部・食品担当					
		経済・神戸市担当					
	時事通信社	経済部・食品担当					
		経済・神戸市担当					
	日経MJ						
	日経MJ新製品コーナー	有限会社 カミ通信	252,014				
	日刊工業新聞	東京本社	422,607				
	日刊ゲンダイ		342,000				
	夕刊フジ関西総局	企画編集担当	501,000				
	日刊スポーツ		462,126				
	スポーツニッポン		550,618				
	デイリースポーツ		394,939				
	スポーツ報知		445,415				
	サンケイスポーツ	(営業局広告部)	513,874				
	デーリー東北	編集局経済部	102,240				
	東京新聞						
	北海道						
	東奥日報八戸支社						
	中国新聞						
	朝日新聞社	大阪本社					
	産経新聞社	大阪本社					
	産経新聞社	大阪本社					

2 各メディアの狙い方

1. 基本は新聞

実は、基本は新聞です。発行部数が年々減少し、若者があまり読まないメディアになっているので、意外に思われた方も多いと思います。しかし、実はそうではないのです。

なぜ新聞が基本なのか？　その理由は新聞の情報が最も信頼できるとされているからです。新聞は、複数の人に取材して裏取りを徹底し、デスク、整理、校閲など多くの部署の目を通して間違いない情報を届けています。大変な手間ひまをかけて情報をチェックしています。主な新聞はすべて電子版を発行していますから、ネットで検索するのも簡単です。

新聞はすべてのメディアの情報源であり、ネタ元にもなっています。テレビに出たい場合もまず新聞を狙ってください。テレビのディレクターは新聞から多くのネタを拾っています。朝のテレビ番組では「今朝の新聞から」というコーナーがあります。新聞はいまだにマスコミの基本です。「日の出医療福祉グループ」のプレスリリースがＮＨＫの全国放送に取り上げられたときも、ディレクターは「西日本新聞の記事を見て電話した」と言われていました。熱心なディレクターは地方の新聞までチェックしている、いまだに新聞がネタ元なんだ、とあらためて認識しました。

実はネットも新聞からネタを仕入れています。ご存じヤフーニュースも、新聞社やテレビ局、雑誌社など他のマスコミから情報提供を受け、取捨選択し順番を考えて発信しており、自社では取材していません。急成長しているLINEニュースも同じです。

雑誌もラジオも元ネタが新聞というケースが少なくありません。新聞は政治・経済・社会から文化・スポーツ・健康医療まで、幅広い分野をカバーし、すべてのメディアのネタ元になっているのです。

2．各メディア毎の狙い方

(1) 新聞

① 全国紙

全国紙の中では、私の個人的な経験では、産経新聞が狙い目です。もともと中小企業のネタを積極的に取り入れてくれる傾向があります。全国紙の中では発行部数が少なく早くからWEBに注力しています。そのせいか、私も何度か産経新聞に取り上げられた後、ヤフーニュースに転載されました。

全国紙の地方支局の記者は、地方に行くほど情報が少ないのでいつもネタを探しています。地方版であれば掲載される可能性は大です。地方版に掲載された記事が全国版に転載される例も少なくありません。私も、「合食」時代、日経関西版から日経MJ、そして日経全国版に転載されたこともあります。これを狙いましょう（名付けて「出世魚作戦」）。

また、仲良くなった記者が本社勤務になれば、人脈が倍増します。私も神戸時代に仲良くしていただいた記者・ディレクターで、東京転勤になってからもお付き合いが続いている方が何人もいます。

② 地方紙

各都道府県にある地方紙は非常に重要です。大きなシェアを誇り、強い影響力を持っている地方紙も数多くあります。県内各地にきめ細かく支局を張り巡らせており、田舎の支局に行くほどネタに困っています。田舎では大事件や大イベントがあまりありませんので、ささやかなネタでも掲載してくれます。記者と仲良くなっておけば、大きなネタのときに大きなスペースを確保してくれます。ヤフーニュースに転載されることも少なくありません。3年くらいで転勤しますがずっとお付き合いをしておいてください。県庁所在地にある本社に戻ってきたときには、菓子折りを持って（笑）ご挨拶に行きましょう。

地方紙に取り上げてもらうときの秘訣は、地域の行事・イベントとからめることです。私の住む兵庫県で言えば、神戸まつりや播州赤穂の義士祭などとからめると、全国ニュースでも取り上げられる可能性があります。「地域発全国ブランド」になるチャンスです。

③ 産業経済紙

産業経済紙も狙い目です。日経系の日経産業新聞・日経ＭＪに加え、日刊工業新聞も押さえておきましょう。日経産業新聞・日経ＭＪは、日経新聞の記者が本紙と同様に記事を書いていますので、日経にプレスリリースを送れば掲載される可能性があります。日刊工業新聞は、日経系の2紙と比べ私たち無名の中小企業も積極的に取り上げてくれます。フジサンケイビジネスアイも本紙は休刊になりましたが、産経新聞内の「フジサンケイビジネスアイ面」として存続し、引き続き中小企業を応援しています。ぜひ狙いましょう。

特にＢｔｏＣの商品をお持ちの企業には、日経ＭＪの新製品欄をおすすめします。日経ＭＪは月・水・金の週3回ですが、毎回約10商品以上の新商品を掲載しないといけないので、かなりネタ集めに苦労しています。私も「合食」時代に何度も掲載していただきました。プレスリリースの送り先住所・宛先と送付方法が、新製品欄の下に小さな文字で書いてありますので、そこに送ってください。

(2) テレビ

① ローカルニュース番組

テレビ局は番組ごとにチームで動いていますので、どの番組を狙うのか決めてください。テレビ番組表を隅々まで見て、あなたのネタを歓迎してくれそうな番組を見つけるのです。一般的にはローカルニュース番組から狙うことをおすすめします。取り上げられる確率が高いからです。NHKの「首都圏ネットワーク」、日本テレビの「news every.」、TBSの「Nスタ」、あたりはいかがでしょうか?

毎日放送しているので常にネタに困っています。あなたが大したことないと思っていても、マスコミから見たら興味深いネタかもしれません。自分の判断に捉われないようにしてください。

② 全国ネット番組

もちろん全国ネットの番組を狙ってはいけないと言っているわけではありません。あなたのネタがふさわしい番組なら、遠慮なくリストアップしてください。NHKの「あさイチ」日本テレビ「ヒルナンデス」などに取り上げられたら、波及効果は大きいでしょう。

テレビ東京の「ワールドビジネスサテライト」の「トレンドたまご」にも挑戦してください。

人気コーナーなので当然プレスリリースは殺到しており、ハードルは決して低くはありませんが、門戸は開かれています。番組ホームページに商品情報の応募フォームがありますので、ぜひチャレンジしてください。採用されたら売上拡大間違いなしです。

その他、毎日、ドラマやスポーツ以外の報道・情報系の番組をチェックして、あなたのネタがふさわしい番組を探し出してください。時間がなければ、テレビ番組表を見てリストアップし、その番組のホームページを検索して研究してください。

(3) 業界専門紙・誌

ぜひおすすめしたいことは、業界専門紙・誌を大切にすることです。かつての私もそうでしたが、業界専門紙・誌を軽視する方が少なくありません。ＮＨＫをはじめとするテレビの東京キー局や全国紙にあこがれる気持ちはわかりますが、業界専門紙・誌をおろそかにしてはいけません。本当に親身になって無名の中小企業でも味方になってくれるのは彼らです。業界専門紙・誌は全国紙や通信社と違い、仲良くなったころに転勤ということはあまりありません。じっくりお付き合いできます。当然ながら業界情報・専門情報に詳しく、親しくなると競合他社の情報も差し支えない範囲で教えてくれます。私もよく自腹でプチ贅沢なお寿司をランチでご馳走して広報のイロハや競合情報を教えてもらったり、自社の特集記事を書いてもらったりしたものです。記者も人間ですので気心しれた広報がいる会社の記事は大きくなりがちです。

テレビの東京キー局や全国紙も業界情報や専門情報は彼らのＷＥＢサイトから入手していま す。業界専門紙・誌からテレビの東京キー局や全国紙に露出されることも少なくありません。

無名の中小企業はぜひ敷居の低い業界専門紙・誌とのおつきあいを深めてください。結果的にテレビの東京キー局や全国紙に露出される近道になることもあります。

業界専門紙・誌を探すには、前出の『絵解き広報』や『新版　広報・ＰＲの基本』『ＰＲ手帳』を活用してください。業界専門紙・誌にはあなたの知らないマニアックなもの（『月刊星ナビ』『月刊総務』など）があります。もしさらに詳しく知りたければ『月刊メディアデータ業界・専門版』を参照する手があります。高価なので、国立国会図書館に電話して、必要部分だけＦＡＸや郵送で送ってもらってください。あなたのネタに合いそうなメディアがあったら、実物を購入して編集内容や読者特性を研究してください。

最近は紙の新聞・雑誌を発行しない、ＷＥＢだけの業界・専門サイトも増えています。中にはページビューの多いサイトもありますので、ときどきネット検索してチェックしてください。

(4) 通信社

通信社も必ず押さえてください。全国、いや世界中に支局を構えて独自の取材活動を行い、ニュースの卸会社として、大手含め多数のメディアに情報を提供しています。地域ネタもきめ細かく拾ってくれます。私も共同通信社にプレスリリースして西日本新聞、そしてＮＨＫ全国放送に「報道連鎖」したことがあります。

(5) 雑誌

雑誌も、業界専門紙・誌同様、あなたの知らないマニアックなものまで数多くあります。『絵解き広報』『ＰＲ手帳』『新版　広報・ＰＲの基本』に加え、『月刊メディアデータ一般雑誌版』であなたのネタを歓迎してくれる雑誌を見つけましょう。これも国立国会図書館にあります。また、「大宅壮一文庫」という雑誌専門図書館の蔵書を、大都市にある大きな図書館のオンラインサービスで検索するという手もあります。

(6) インターネットメディア・オンラインメディア

全国紙やビジネス雑誌の電子版などインターネットメディア・オンラインメディアもページビューが増加しており、チャレンジする値打ちがあると思います。紙の新聞や雑誌に掲載されなくても、電子版に掲載されることがあります。

媒体名	メールアドレス
読売新聞オンライン	press@yomiuri.com
朝日新聞デジタル	asahicompr@asahi.com
日経電子版	newsrelease@nikkei.co.jp
日刊工業新聞　電子版	newsrelease@po.nikkan.co.jp
J－CASTニュース	pr_release@j-cast.com
BuzzFeed Japan	japan-info@buzzfeed.com
ハフポスト	news@huffingtonpost.jp
東洋経済オンライン	support@toyokeizai.net
プレジデントオンライン	news-pol@president.co.jp
ダイヤモンドオンライン	press-dol@diamond.co.jp

(7) 無料配信サイト

ネットの無料配信サイトという手もあります。実は私もつい最近まで軽視していました。が、知人が私のメルマガを読んでプレスリリースを作成し無料配信サイトに送ったところ、いくつかのサイトに掲載されミニ報道連鎖が起きました。それを見た大手企業から商談が舞い込むなど、効果が挙がっています。

valuepressなど有料配信サービスの無料プランなどがあります。

〈ネットの無料配信サイトを活用して掲載された例〉
ZAKZAK　2020年12月４日付

定年退職し夫婦で事業「治療と仕事の両立支援」７回ものがん宣告、自身の経験生かす (1/2ページ)

定年起業への挑戦　実践編

2020.12.4　印刷　コメント 0件

奥さまと定年起業に挑戦する佐藤晋一さん

[redacted]

佐藤晋一さん（６１）は日本年金機構を定年退職し、奥さまが立ち上げた事業「かがやき相談室」（株式会社輝きＬＡＮＤ）に合流した。佐藤さんは３９歳の時に大腸がんを宣告され、以来７回ものがん宣告を受けながら、責任ある立場での仕事と治療を両立させてきた。そして、定年退職まで勤め上げることができた。奥さまは一緒に仕事をしたいと待ち望んでいたが、佐藤さんは自分に仕事の場を与え続けてくれた職場に恩義を感じ、雇用延長も考えたという。しかし、自分の経験を生かし、同じように悩む人たちの力になりたいと奥さまと合流し両立支援アドバイザー業の道を選んだ。

「がんを宣告されて会社を退職する人が多いです。働き手が減少していく日本において、社会にとっても大きな損失でしょう」（佐藤さん）

働き盛りでがんを宣告されても、当人も会社も仕事の両立について相談できる窓口が見つけにくい。国も手をこまぬいているわけではなく、厚労省所管労働者健康安全機構は「両立支援コーディネーター」という制度を設けている。佐藤さんもその資格を取得見込みだが、何より自らが苦しみながらがん治療と仕事の両立を実践してきた経験がある。長く健保組合の事務長を勤めてきた奥さまと二人三脚で、仕事と治療の両立に悩む人たちのワンストップ窓口になりたいと力強く話した。法人を中心に営業していく。

3．ヤフーニュースの狙い方

ヤフーニュースの狙い方をまとめておきます。以下の4つは私が実際に経験した事例です。

(1) みんなの経済新聞

地域のビジネス&カルチャーニュースを配信する全国各地の情報サイトのネットワークです。東京なら「新宿経済新聞」「シブヤ経済新聞」「銀座経済新聞」、大阪なら「梅田経済新聞」「なんば経済新聞」など、各都道府県にあります。ここからヤフーニュース・地域カテゴリーへの転載を狙うのが、一部の広報関係者しか知らない常套手段です。私も何回もこの手を使って成功しました。

大阪市立中央図書館の展示イベントが「図書館と本屋の違い」という興味深い内容だったので、「なんば経済新聞」へのプレスリリースをおすすめしたところ掲載され、狙い通りヤフーニュースに転載されました。

(2) 地方紙

「日の出医療福祉グループ」の「八代亜紀さんが介護施設向けにオンラインライブ」という記事が神戸新聞に掲載され、ヤフーニュースに転載されました。

「新宿経済新聞」のプレスリリース受付ページ

※歌舞伎町文化新聞ⓒ

(3) 産経新聞

「日の出医療福祉グループ」の「地域サッカー選手の雇用を前年比倍増」という記事は、産経新聞に掲載された後、ヤフーニュースに転載されました。

ヤフーニュースに転載された記事を列挙してみてわかることは、いずれも「社会性」「公共性」の高いネタだということです。ヤフーニュースには、初代編集長の元読売新聞大阪経済部の奥村倫弘さんの掲げた「『社会性』『公共性』の高いニュースを厳選してお届けする」という編集方針が脈々と生き続けています。皆さんも「社会性」「公共性」の高いネタづくりを心がけてください。ヤフーニュースがあなたを待っています。

3 プレスリリースを送る二大アプローチ

プレスリリースの送り方は、大きく分けて次の2つです。

A．一斉発表
記者クラブにプレスリリースを「投げ込み」するか、各メディアに一斉に送付する
B．個別取材要請
狙ったメディアに直接個別にプレスリリースを送る

1．一斉発表

一斉発表にはいくつかの方法があります。記者クラブでの発表、記者会見による発表、関係全メディアへのプレスリリース・ニューズレター配布、ＰＲ配信会社によるプレスリリース配信、などです。

(1) 記者クラブを知っていますか

一斉発表の代表的な方法に、記者クラブでの発表があります。記者クラブとは、継続的な取材活動のため大手メディア中心に構成されている組織で、官公庁など公的機関系と商工会議所など民間業界団体系があります。官公庁系では、国の各省庁のほか、各都道府県庁や主要都市の市役所にあり、一般企業や個人のプレスリリース発表にも対応してくれます。民間系では主要都市の商工会議所にあります。メンバーは都道府県や主要都市の記者クラブとほぼ同じです。読売・朝日・日経などの全国紙、ブロック紙、地方紙、ＮＨＫ・日本テレビ系・テレビ朝日系などの地元テレビ局、共同通信社・時事通信社・地元ラジオ局などです。

種別	記者クラブ名	関連事業	住所	加盟数／資料数	TEL/FAX
業界・専門紙【民間】	鉄鋼研究会	鉄鋼・鉄鋼関連製品・非鉄関連	〒103-0025 中央区日本橋茅場町3-2-10鉄鋼会館4F	4社 8部	03-3669-4828 03-3669-4827
	機械振興会館記者クラブ	機械・文房具・農機具・建機等	〒105-0011 港区芝公園3-5-8機械振興会館内	23社 23部	03-3432-9403 03-3432-7960
	東京繊維記者会	繊維・アパレル関連	〒103-0023 中央区日本橋本町1-7-8東新ビル3F	10社 12部	03-6262-2740 03-6262-2741
	化学工業記者会	化学全般	化学工業日報社にメールで配信 cd_desk@chemicaldaily.co.jp	3社 —	03-3663-7934 —
	本町記者会	医薬関係全般	〒101-0032 千代田区岩本町2-3-8神田Ｎビル内	10社 12部	03-6231-0609 03-5687-1705
	科学記者会	科学技術・エネルギー・航空・原子力など	〒100-8959 千代田区霞が関3-2-2文部科学省12F	20社 20部	03-3593-0045 03-3593-7168
	非鉄金属記者会	非鉄全般	〒104-0061中央区銀座4-2-15塚本素山ビル7F 日本アルミ協会広報に問合せ（記者室有）	3社 3部	03-3538-0603 —
	軽金属記者クラブ	アルミ関係	〒104-0061中央区銀座4-2-15塚本素山ビル7F 日本アルミ協会広報に問合せ（記者室有）	4社 4部	03-3538-0603 —
業界・専門紙【官公庁】	厚生日比谷クラブ	製薬・病院・保険・公衆衛生・福祉	〒100-8916 千代田区霞が関1-2-2中央合同庁舎第5号館9F	31社 35部	03-3595-2571 03-3592-0805
	労政記者クラブ	人事労働関連全般	〒100-8916 千代田区霞が関1-2-2中央合同庁舎第5号館9F	16社 20部	03-3507-8485 03-3502-0344
	環境記者会	環境関連全般	〒100-8975 千代田区霞が関1-2-2中央合同庁舎第5号館29F	20社 20部	03-3502-6859 03-3506-8063
	国土交通省交通運輸記者会	交通・運輸全般 陸・海・空	〒100-8918 千代田区霞が関2-1-3国土交通省5F	30社 15部	03-3504-2510 03-3504-1838
	国土交通省建設専門紙記者会	建設全般	〒100-8918 千代田区霞が関2-1-3国土交通省6F	36社 25部	03-3581-7567 03-3581-7826
	農林記者会	食品・飲料他農林関係全般	〒100-8950 千代田区霞が関1-2-1農林水産省3F	25社 30部	03-3501-3865 03-3501-9646
一般紙（大阪）	大阪鉄鋼記者連絡会	鉄鋼・非鉄・金属・鉄鋼関連エンジ	直接各社にメール	— —	— —
	五月会（大阪エネルギー記者会）	電力・ガス・石油関連	〒530-8270 大阪市北区中之島3-6-12 関電内	23社 25部	050-7104-1865 —
	大阪機械記者クラブ	機械全般・通信・輸送用機器・精密機械など	〒530-0047大阪市北区西天満6-9-7DKビル 〒530-0047大阪市北区西天満6-8-7電子会 okkr@luck.ocn.ne.jp	24社 26部	06-6364-3641 06-6364-3643
	大阪証券記者クラブ	上場企業全般	〒541-0041 大阪市中央区北浜1-8-16大阪証券取引所内	21社 22部	06-4706-0988 —
	大阪繊維記者クラブ	繊維・アパレル全般	〒541-0051 大阪市中央区備後町3-4-9綿業会館5F	12社 12部	06-6231-8444 同上
	大阪商工記者会	食品・スーパーなど流通・旅行・サービス	〒540-0029 大阪市中央区本町橋2-5マイドームおおさか5F	30社 40部	06-6944-1804 06-6243-3610
	大阪建設記者クラブ	住宅・建設・土木全般	〒542-0081大阪市中央区南船場4-4-3心斎橋東急ビル4F大阪住宅センター内	12社 13部	06-6253-0071 06-6253-0145
	大阪経済記者クラブ	経済関係団体のみ	〒540-0029 大阪市中央区本町橋2-8大阪商工会議所4F	41社 30部	06-6944-6530 06-6944-6536
	関西レジャー記者クラブ	旅行・レジャー関連	〒530-0001大阪市北区梅田1-3-1大阪駅前第一ビル8F 休暇村大阪センター内oosaka@qkamura.or.jp	10社 —	06-6343-0466 —
業界・専門紙（大阪）	鉄友クラブ	鉄鋼・鉄鋼関連製品・非鉄関連 他	鉄鋼・産業新聞など各社に直接コンタクト	4社 4部	鉄鋼・産業新聞など4紙各社
	道修町薬業記者クラブ	医薬全般	各社に直接コンタクト	4社 4部	— —
	紡績化繊記者クラブ	繊維・アパレル全般	〒541-0051 大阪市中央区備後町3-4-9綿業会館5F	5社 5部	06-6231-8444 同上

出典：山見博康『すぐよくわかる絵解き広報』同友館、2020年

◯東京・大阪の官庁・民間記者クラブ一覧

1. 東京・大阪での発表場所は、官庁と民間で分野別に分れた記者クラブで発表可能。
2. 発表方法は、①資料（NR）配布だけ、②説明者（レクチャー）付資料配布、③記者会見（+資料配布）を決め、原則として発表48時間前迄に当月の幹事社に申込み、了承を得る。
3. ①資料配布の方法は、通常「持参」が原則。資料配布だけだと、稀に「郵送」や「FAX」や「メール」でも受けるクラブもあり、クラブによって異なるので事前確認要。
   特に、リモート時代となり、当面、郵送やメールを優先するクラブもある。
4. 関係あるテーマなら、複数の記者クラブでも発表可能。全クラブ名をNR1枚目左上に明記。

種別	記者クラブ名	関連事業	住所	加盟数/資料数	TEL/FAX
一般紙（東京）【民間】	重工業研究会	鉄鋼・非鉄・化学・繊維・医薬・鉄鋼エンジ	〒103-0025 中央区日本橋茅場町3-2-10鉄鋼会館内	24社 34部	03-3669-4829 03-3664-2547
	東商クラブ	百貨店・スーパー・玩具・飲料・カード会社・消費者金融 等	〒100-0005 千代田区丸の内3-2-3丸の内二重橋ビル3F	23社 27部	03-3283-7517 03-3214-5750
	エネルギー記者会	電気・ガス・石油関連	〒100-0004 千代田区大手町1-3-2経団連会館18F	23社 30部	03-5220-5650 03-3286-0862
	自動車産業記者会	自動車関係すべて (部品を含む)	〒105-0012 港区芝大門1-1-30日本自動車会館	29社 33部	03-5405-6141 03-5405-6142
	貿易記者会	商社	〒107-6006 港区赤坂1-12-32アーク森ビルジェトロ	23社 30部	03-3584-6546 03-3584-6547
	兜倶楽部	東商上場企業（含むマザーズ）・店頭企業	〒103-8224 中央区日本橋兜町2-1日本証券取引所	31社 42部	03-3666-1900 —
	レジャー記者クラブ 日本旅行記者クラブ	レジャー旅行関連	〒110-8601 台東区東上野5-1-5日新上野ビル休暇村協会 kishaclub@qkamura.or.jpにメール。幹事了承後に送られる名簿記載の各社に直接fax	12社12部 30社30部	03-3845-8651 03-3845-8658
	情報通信記者会	情報通信関連全般		常勤20社 50部	03- 03-
	経済団体連合会記者会	経団連関係及び企業	〒100-0004 千代田区大手町1-3-2経団連会館	40社 40部	03-6741-0211 03-6741-0212
	JSPO（日本スポーツ協会）記者クラブ JOC記者会	スポーツ全般 レジャー・芸能	〒160-0013 新宿区霞ヶ丘4-2 Japan Sport Olympic Square pressclub@japan-sports.or.jpから自動配信	35社 —	03-6910-5805 —
	㈳日本外国特派員協会	外国メディア特派員 フリージャーナリスト	〒100-0005 千代田区丸の内3-2-3丸の内二重橋ビル5F	100人以上 10部	03-3211-3161 03-3211-3168
一般紙（東京）【官公庁】	文部科学記者会	技術開発関連	〒100-8959 千代田区霞が関3-2-2文部科学省12F	19社 30部	03-5222-1022 —
	国土交通記者会	建設・運輸・国土関連 陸・海・空	〒100-8918 千代田区霞が関2-1-3国土交通省5F	45社 60/80部	03-5253-8111㈹ 03-3580-0064
	環境省記者クラブ (環境問題研究会)	環境関連	〒100-8975 千代田区霞が関1-2-2中央合同庁舎第5号館25F	25社 30部	03-3580-3174 —
	農政クラブ	食品・飲料他農林関係全般	〒100-8950 千代田区霞が関1-2-1農林水産省3F	24社 30/40部	03-3591-6754 03-3591-6756
	厚生労働記者会	福祉・医療など	〒100-8916 千代田区霞が関1-2-2中央合同庁舎第5号館9F	20社 25部	03-3595-2570 03-3503-4710
	経済産業記者会	経済・産業関係全般	〒100-8901 千代田区霞が関1-3-1経済産業省10F	25社 32部	03-3501-1621 —
	防衛記者会	防衛関連	〒162-8801 新宿区市谷本村町5-1防衛省	21社 25部	03-5269-3271 03-5269-3270
	総務省記者クラブ	情報通信等、総務省関係	〒100-8926 千代田区霞が関2-1-2総務省	30社 40部	03-5253-5111㈹ —
	東京都庁記者クラブ	東京都民に関係あるテーマ	〒163-8001 新宿区西新宿2-8-1都庁第1庁舎6F	20社 23部	03-5321-1111
	都道府県記者クラブ	都道府県に関係あるテーマ	〒102-0093 千代田区平河町2-6-3都道府県会館	10社 10部	03-5212-9137 03-5210-2020

記者クラブ名	記者クラブ住所（資料送付先）	都道府県	加盟数/資料数	TEL/FAX	備考
山梨県政記者クラブ	〒400-0031 甲府市丸の内1-6-1	山梨	14/20	055-223-1349 —	kazama-bkrci@pref.yamanashi.lg.jp
静岡県庁記者会	〒420-8601 静岡市葵区追手町9-6	静岡	15/22	054-221-2774 —	—
浜松経済記者クラブ	〒432-8036 浜松市中区東伊場2-7-1	静岡	15/15	053-452-1111 —	—
長野県庁会見場	〒381-0000 長野市大字南長野字幅下692-2	長野	—/30	026-232-0111 026-235-7026	—
愛知県政記者室	〒460-8501 名古屋市中区三の丸3-1-2	愛知	18/25	052-961-2111 —	—
名古屋経済記者クラブ	〒460-8422 名古屋市中区栄2-10-19-6 F	愛知	17/18	052-223-5650 052-221-8650	流通・IT等・製造業・工業製品以外
中部経済産業記者会 (経産クラブ)	〒460-8510名古屋市中区三の丸2-5-2中部経済産業局内	愛知	21/21	052-951-2563 052-951-0592	製造業・工業製品等
名古屋証券記者クラブ	〒460-0008 名古屋市中区栄3-8-20	愛知	20/20	052-251-1844 052-261-4690	—
豊橋経済記者クラブ	〒440-8508 豊橋市花田町石塚42-1	愛知	16/1	0532-53-7211 0532-53-7210	fukada@toyohashi-cci.or.jp
岐阜県政記者クラブ	〒500-8384 岐阜市藪田南42-1-1	岐阜	17/25	058-272-1117 —	—
岐阜経済記者クラブ	〒500-8727 岐阜市神田町2-2	岐阜	17/20	058-264-2131 —	info@gcci.or.jp
新潟県政記者クラブ	〒950-8570 新潟市中央区新光町4-1	新潟	38/40	025-383-8451 025-383-8464	office@niigata-cci.or.jp
新潟経済記者クラブ	〒950-8711新潟市中央区上大川前通7-1243	新潟	14/14	025-222-7608 —	—
富山経済記者クラブ	〒930-0083 富山市総曲輪2-1-3-2F	富山	16/16	076-422-2695 076-493-1670	幹事社：北日本新聞 koryu@ccis.toyama.or.jp
石川県政記者クラブ	〒920-8585 金沢市鞍月1-1	石川	14/15	076-225-1040 076-225-1041	—
金沢経済記者クラブ	〒920-0918 金沢市尾山町9-13	石川	17/18	076-232-3003 076-261-6500	—
福井県政記者室	〒910-0005 福井市大手17-1	福井	15/18	0776-20-0223 0776-22-1004	—
福井経済記者クラブ	〒910-0006 福井市中央1丁目9-29	福井	16/16	0776-23-3664 —	—
三重県政記者クラブ	〒514-0006 津市広明町13	三重	19/27	059-224-3106 059-246-8139	koho@pref.mie.lg.jp
滋賀県政記者室	〒520-0044 大津市京町4-1-1	滋賀	13/25	077-528-3042 077-528-4803	koho@pref.shiga.lg.jp
京都府政記者室	〒602-8570京都市上京区下立売通新町西入ル藪の内町	京都	17/35	075-414-4080 075-414-4127	—
京都経済記者クラブ	〒604-0000京都市中京区烏丸通夷川上ル少将井町240	京都	17/19	075-341-9751 075-341-9793	—
堺市政記者クラブ	〒590-0078 堺市堺区南瓦町3-1	大阪	14/15	072-228-7402 072-238-4300	—
兵庫県政記者室	〒650-8567 神戸市中央区下山手通5-10-1	兵庫	18/25	078-362-3828 078-362-3903	—
神戸経済記者クラブ	〒650-0046 神戸市中央区港島中町6-1	兵庫	19/21	078-303-5813 078-303-2314	—
姫路経済記者クラブ	〒670-0932 姫路市下寺町43	兵庫	12/16	079-223-6550 —	info@himeji-cci.or.jp
奈良県政記者クラブ	〒630-8213 奈良市登大路町30	奈良	15/18	0742-27-8325 —	—
和歌山県政記者室	〒640-8585 和歌山市小松原通1-1	和歌山	12/13	073-441-3930 073-422-4657	—

◯各道府県の記者クラブ一覧

1. 企業の発表場所は3か所。①「商工会議所」にある「○○経済記者クラブ」、②県庁にある「県政記者クラブ（室）」、③市役所にある「市政記者クラブ」。
「経済記者クラブ」がない県は、「県政・市政記者クラブ」で発表可能。
2. 発表方法①資料（NR）配布だけ、②説明者（レクチャー）付資料配布、③記者会見（＋資料配布）を決め、原則として発表48時間前迄に当月の幹事社に申込み、了承を得る。
3. ①資料配布方法は、通常「持参」か「郵送」だが、クラブによっては、申込不要で直接必要部数を持参するか、「FAX」や「メール」でも受ける等、クラブによって異なるので事前確認要。特に、リモート時代となり、当面、郵送やメールを優先するクラブもあるので、事前に電話で確認すると良い。
4. 関係あるテーマなら、複数の記者クラブでも発表可。全クラブ名をNR1枚目左上に明記。

記者クラブ名	記者クラブ住所 （資料送付先）	都道府県	加盟数 ／資料数	TEL/FAX	備考
北海道経済記者クラブ	〒060-0001 札幌市中央区北1条西2丁目	北海道	22/24	011-251-1024 011-231-5591	申込不要
函館市政記者室	〒040-0036 函館市東雲町4-13	北海道	14/15	0138-21-3635 ―	―
釧路経済記者クラブ	〒085-0847 釧路市大町1-1-1	北海道	14/14	0154-41-4144 0154-41-4000	―
帯広経済記者クラブ	〒080-0013 帯広市西3条南9-1-1	北海道	13/メール	0155-25-7121 ―	info@occi.or.jp
青森県政記者室	〒030-0861 青森市長島1-1-1	青森	17/19	017-734-9173 017-776-1787	―
岩手県政記者クラブ	〒020-0023 盛岡市内丸10-1	岩手	18/23	019-624-3695 019-624-2881	―
岩手経済記者クラブ	〒020-0022 盛岡市大通1-2-1-7F	岩手	17/17	019-626-8171 019-625-3937	幹事社：岩手日報
宮城県政記者会	〒980-8570 仙台市青葉区本町3-8-1	宮城	13/14	022-211-3920 ―	―
東北電力記者室	〒980-8570 仙台市青葉区本町1-7-1	宮城	23/23	022-261-1685 022-215-7966	申込不要 企業関係
秋田県政記者会	〒010-0951 秋田市山王4-1-1	秋田	22/24	018-860-3600 ―	joukai@pref.akita.lg.jp
山形県政記者室	〒990-0023 山形市松波2-8-1	山形	16/17	023-630-2960 023-634-2115	―
福島県政記者室	〒960-8065 福島市杉妻町2-16	福島	16/17	024-521-7012 ―	申込不要
茨城県政記者クラブ	〒310-0852 水戸市笠原町978-6	茨城	18/33	029-301-6220 029-301-6329	―
栃木県政記者クラブ	〒320-0027 宇都宮市塙田1-1-20	栃木	18/19	028-623-2166 ―	kouhou@pref.tochigi.lg.jp
刀水クラブ（県庁）	〒371-0026 前橋市大手町1-1-1	群馬	18/19	027-226-4750 ―	kouhouka@pref.gunma.lg.jp
埼玉県政記者クラブ	〒330-0063 さいたま市浦和区高砂3-15-1	埼玉	17/18	048-830-7702 048-830-7701	―
神奈川県政記者クラブ	〒231-0021 横浜市中区日本大通1	神奈川	13/15	045-210-8560 ―	―
横浜経済記者クラブ	〒231-0023 横浜市中区山下町2-8 F	神奈川	13/15	045-671-7465 045-671-9020	―
川崎経済記者クラブ	〒210-0007 川崎市川崎区駅前本町11-2	神奈川	13/メール	044-211-4111 044-211-4118	kikaku@kawasaki-cci.or.jp
千葉県政記者室 千葉県民放記者クラブ	〒260-8667 千葉市中央区長洲1-9-1	千葉	13/15 5/5	043-223-4661 043-223-4618	
千葉経済記者会 （会員のみ発表可）	〒260-0026 千葉市中央区千葉港4-2	千葉	13/15	043-242-2124 043-242-2136	―

記者クラブ名	記者クラブ住所 （資料送付先）	都道府県	加盟数 /資料数	TEL/FAX	備考
岡山県政記者クラブ	〒700-0824 岡山市北区内山下2-4-6	岡山	16/25	086-223-1000 086-224-3246	—
岡山経済記者クラブ	〒700-0985 岡山市厚生町3-1-15	岡山	16/18	086-232-1919 086-221-1054	—
広島県政記者クラブ	〒730-0011 広島市中区基町10-52	広島	19/22	082-513-4460 —	申込不要：持参か郵送
広島経済記者クラブ	〒730-0011 広島市中区基町5-44	広島	18/18	082-222-6695 082-222-2580	hiroshima@ hiroshimacci.or.jp
鳥取県政記者会	〒680-0011 鳥取市東町1-220	鳥取	15/16	0857-26-7700 0857-21-0434	kouhou@pref. tottori.lg.jp
島根県政記者室	〒690-0887 松江市殿町1	島根	16/18	0852-22-5465 0852-22-5466	kouhou@pref. shimane.lg.jp
山口県政記者クラブ 滝町クラブ	〒753-0071 山口市滝町1-1	山口	13/13	083-933-4765 083-933-2589	申込不要：持参か郵送
山口経済記者クラブ	〒753-0074 山口市中央4-5-16	山口	20/35	083-925-6720 083-924-9019	—
徳島県政記者室	〒770-8570 徳島市万代町1-1	徳島	13/25	088-621-2960 088-621-2823	hisyoka@pref. tokushima.jp
香川県政記者室	〒760-8570 高松市番町4-1-10	香川	20/26	087-832-3820 087-837-0421	—
高松経済記者クラブ	〒760-0019 高松市サンポート3-33-1F	香川	19/21	090-5913-6844 —	幹事社用電話に申込
愛媛番町（県庁）記者クラブ	〒790-8570 松山市一番町4-4-2県庁内	愛媛	15/17	089-921-9556 089-921-1203	—
愛媛経済記者クラブ	〒790-8570 松山市一番町4-4-2	愛媛	15/17	089-921-9556 089-921-1203	—
高知県政記者クラブ 高知経済記者クラブ	〒780-8570 高知市丸ノ内1-2-20	高知	13/14	088-823-9046 088-872-5494	いずれも県庁広報広聴課にて受付
福岡県政記者クラブ	〒812-8577 福岡市博多区東公園7-7	福岡	17/20	092-643-3985 092-632-5331	—
福岡経済記者クラブ	〒812-8505 福岡市博多区博多駅前2-9-28	福岡	23/23	092-441-1110 092-474-3200	福岡商工会議所広報に幹事社を訊く
福岡金融・経済記者クラブ	〒810-0001 福岡市中央区天神2-14-2 福岡証券ビル	福岡	23/23		
佐賀県政記者室	〒840-8570 佐賀市城内1-1-59	佐賀	13/18	0952-25-7250 0952-25-7289	kouhou-kouchou@ pref.saga.lg.jp
長崎県政記者室	〒850-0058 長崎市尾上町3-1	長崎	13/15	095-894-3721 095-828-7665	—
長崎経済記者クラブ	〒850-0031 長崎市桜町4-1	長崎	13/13	095-822-0111 095-822-0988	FAXは長崎新聞
熊本県政記者クラブ	〒862-8570 熊本市中央区水前寺6-18-1	熊本	14/26	096-333-2028 096-386-2040	—
熊本経済記者クラブ	〒860-8585 熊本市西区春日2-10-1	熊本	14/15	096-353-6351 —	合同調査監事官に幹事社を訊く
大分県政記者室	〒870-8504 大分市荷揚町2-31	大分	13/14	097-506-2172 —	—
宮崎県政記者室	〒880-0805 宮崎市橘通東2-10-1	宮崎	13/27	0985-26-7298 0985-32-3475	kouhosenryaku@ pref.miyazaki.lg.jp
鹿児島県政記者クラブ 「青潮会」14⊕非加盟8	〒890-0064 鹿児島市鴨池新町10-1	鹿児島	22/24	099-286-2120 099-286-2119	kouhoka@pref. kagoshima.lg.jp
沖縄県政記者クラブ	〒900-0021 那覇市泉崎1-2-2	沖縄	25/30	098-866-2670 098-866-2467	—

出典：山見博康『すぐよくわかる絵解き広報』同友館、2020年

(2) 記者クラブでのプレスリリース配布方法

① 記者クラブのルールを確認する

記者クラブでプレスリリースを配布するときには、まず『絵解き広報』で電話番号を調べ、少なくとも配布の48時間前までに電話して、幹事社の了解を取ってください。

記者クラブに電話したら「幹事社」のメディアの方（「幹事社」とはいわばその週《記者クラブによってはその月》の当番です）が電話に出ますので、「プレスリリースを配布したいのですが、どうすればいいでしょうか？」と、その記者クラブのルールを問い合わせてください。親切に教えてくれるはずです。

ポイントは「申込方法」「配布方法」「必要部数」の3つです。

申込方法

通常は基本的に「配布する48時間前までに電話するか、指定の用紙に必要事項を記入してFAX」ですが、中には「配布前日までに電話すればOK」という記者クラブもあります。

配布方法

「前日までに記者クラブに持参」「当日の12時までに持参すればその日の14時に配布」「郵送

でもＯＫ」「コロナ禍なのでメールのみ受付」など、記者クラブによってルールが異なりますので、必ず確認してください。

必要部数

その記者クラブの指定する部数です。記者クラブ加盟社の数プラス1～2部で設定している場合が多いようです。必要部数の分だけプレスリリースをコピーして用意しておきましょう。

申込・配布のルールを守れなければ「配布不可」になります。ルールは必ず厳守してください。

② 記者クラブで配布する

「郵送可」の記者クラブでも、できる限り持参して訪問してください。訪問したら、まず幹事社の記者（または官公庁などの広報担当者）に、「プレスリリースを配布したいのですが」と声を掛けてください。配布場所まで案内してくれます。

そこには「読売新聞」「フジテレビ」など各メディア毎にプレスリリースを入れる「箱」が並んでいます。多いところで3段×10列＝30個くらいあります。この箱に指定された部数（1

部ずつの場合が多い）を投げ込むのです（いわゆる「プレスリリースの投げ込み」）。記者クラブによっては受付の方が全部預かって配布してくれるところもあります。ちなみに、プレスリリースは封筒に入れたり、クリアファイルに入れたりする必要はありません。記者が取り出してすぐ見ることができるように、裸のまま各メディアの箱に入れればいいのです。

プレスリリースが2～3枚になるときは左上ホッチキス留めにしてください。ホッチキスの針が記者の手を傷つけないようにセロテープを貼るなど工夫するのも親切です。

投げ込みが終わったら（受付の方に全部預けたら）、幹事社の記者や受付の方に声をかけてお礼を言ってください。

③　記者と名刺交換して説明する

このとき、幹事社の記者やその場に居合わせた他社の記者に時間の余裕がありそうだったら、名刺交換できる絶好のチャンスです。遠慮せず記者に声をかけて名刺交換し、「3分くらいお時間よろしいですか？」と依頼してみてください。忙しくなければ10分20分と話を聞いてもらえます。とにかくコツは「遠慮しない」ことです（自分の情報が世の中の役に立つ自信があることが大前提ですが）。「礼儀正しくあつかましく」これが成功の秘訣です。もちろん忙しくて迷惑そうであればすぐに説明を切り上げ、あらためてコンタクトしてください。

名刺交換ができれば、個人の携帯電話番号とメールアドレスが書いてありますから、今後いつでも連絡できます。無理にその場で話を聞いてもらう必要はありません。彼らは毎日〆切に追われています。今後いつでも連絡が取れるように好印象を残して去ることが大切です。

午後2時から5時くらいまでなら比較的記者は時間の余裕がありますので、その時間帯を狙いましょう。ただし取材に出ていることも多いので、私は夕方の午後4時前後を狙って訪問しています。

(3) 記者クラブでのプレスリリースも有効です

「記者クラブのプレスリリースはやってもムダ」というPRコンサルタントもいるかもしれません。いちいち読んでいないというのがその理由です。しかし、私は今まで何度も記者クラブへの投げ込みでマスコミ露出をゲットしてきました。記者が記者クラブのプレスリリースを全く読んでいないということはありません。通常は目を通しています。特に地方支局ではネタが少ないので読んでいる可能性が高いです。

「あんたのところのプレスリリース、しょっちゅう来ているね。毎回読んでるよ」とI新聞社A支局の記者に言われたことがあります。その新聞に掲載されたことはありませんでしたが、報われたような気がしました。

一方、大都市の記者クラブはとにかく投げ込まれるプレスリリースの量が多いので、あまり反応がよくないというのが実感です。狙うメディアを絞り込んでいる場合には、記者クラブでの投げ込みをしなくても、次項で説明する「個別取材要請」をすれば良いでしょう。

(4) 記者発表

ニュース価値が大きく、詳しい説明が必要な商品・サービスの場合は「記者発表」という手段もあります。方法としては「①記者クラブでの発表」と「②自社やホテル、展示会場などにメディアを集めての開催」という2つのやり方があります。

(5) 他の一斉配信方法

もちろん、記者クラブ利用の有無にかかわらず、作成したメディアリストに一斉配信する方法もあります。記者クラブに配信したことを明記しておけば、同じメディアに重複して送ってもかまいません。最近は、配信会社による一斉配信を利用する会社が多いようです。

(6) 配信会社って？

「ＰＲＴＩＭＥＳ」「@ＰＲＥＳＳ」などの有料配信会社について、「やった方がいいですか?」と意見を求められることが少なくありません。

「お金に余裕があるならやった方がいい」これが私の答えです。最低金額で1配信3万円くらいで、多いところで1万以上の配信可能リストから300以上のメディアに一斉配信してくれるところがあります。やらないよりやった方がいいと思います。配信会社によっては、送ったプレスリリースをそのまま、読売・朝日・産経新聞をはじめとする100以上の提携メディアの一部に掲載してくれるところもあります(詳しくは次ページ)。いわば低料金の広告を全国紙のWEBサイトに出せるわけです。悪い話ではありません。

ただ、新聞記者、テレビのディレクター、雑誌の編集者などの個人の名前、携帯電話、メールアドレスはわかりません。PR配信会社はメディアの部署あてに送っているだけで彼らも個人の情報は知らないからです。一過性のオンラインメディア露出を拡大するには有効ですが、人脈作りにはつながりません。

マスコミ人脈を構築しようと思ったら『PR配信会社にプレスリリースを配信してもらって終り』ではうまくいきません。手間はかかりますが、次項でご説明する個別取材要請を地道に実践していくしか方法はありません。

「ニュースリリース」有料配信会社比較表（2020年7月現在）

信可能媒体数と特長	価格設定と特長	サービス概要・差別点
「@Press（アットプレス）」 ソーシャルワイヤー㈱　03-6890-0502　www.atpress.ne.jp/service		
配信可能媒体数　：8,500 掲載保証メディア：　80	1配信：30,000円 原稿チェック・校正料込み。配信リスト作成料込み。FAX配信料込み別途料金で。 お得な回数券。リピート配信プラン。SNS拡散プラン。海外向け配信サービス。翻訳サービス	国内No.1の10,000リスト、8,500メディアに配信。原稿校正から配信先選定までを全てプロが実施・サポートするため、「取材」や「記事」に結びつく確率が圧倒的に高い。全リリースにプロの担当がつくため初心者でも安心。希望に応じてタイトル・見出し等の提案も可能。マスメディアで受信希望が多いFAXでの配信も含まれる。無料の広報セミナーも毎月開催中
「共同通信PRワイヤー」 ㈱共同通信ピー・アール・ワイヤー　03-6252-6040　https://kyodonewsprwire.jp/		
国内：2,250媒体3,300カ所のメディアをテーマ・ジャンル・エリアごとに159カテゴリの配信先リストに分類。全メディアに受信許諾。国内提携サイト：全69サイト。海外：約40,000カ所アジア太平洋の各国主要通信社および欧米のPRNewswire社と提携	国内配信：年5回で186,000円～など、各種プランあり。全国14都市の商工会議所など「中小企業支援パートナー」を通じた利用は1回38,000円。 海外配信：392種の配信先リストから選択可能。全米9,942媒体へ基本配信料119,300円～など	共同通信社グループとして2001年設立。159配信先カテゴリから上限10まで選択でき、1回あたり平均1,500カ所程度に配信可能。記事化率7割を誇る。あわせて、ニュースサイト中心の提携サイトにリリース原文を転載するほか、国内2,000サイトを対象としたモニタリングも基本サービスとして提供。官公庁や地方自治体、学校法人など公的機関の利用も多い。 「リリースの書き方」など広報セミナーも随時開催
「value press」 ㈱バリュープレス　www.value-press.com/		
11,000件のメディアリストから最大1,000人の記者にプレスリリースを配信。媒体の希望するジャンルとキーワードを反映した配信システム。希望媒体に電話フォローを行うメディアコンタクトも提供	スタンダード30日間配信無制限3万円ビジネス30日間配信無制限7万円。 ビジネスは、指定媒体へ電話フォローとレポート提出も含む他、単発サービス、海外配信プランも有り	約57,000社（2019年7月現在）国内最大の利用企業数。webクリッピングなどの効果測定機能が充実。原稿作成も料金内で無制限で利用できる。記者インタビューなど独自の切り口で情報発信
「PR TIMES」 ㈱PR TIMES　03-6455-5463		
配信先メディア：12,000超 提携掲載サイト：月間1億PV超の11媒体、1千万PV超の25媒体をはじめとする全190媒体にコンテンツ掲載。 個別記者ルート：15,000人	（従量課金プラン） 1配信3万円（定額プラン） 月契約8万円 半年契約7.5万円 年間契約7万円 ※各種オプションは問合せ	業界一の月間配信実績：13,260本（19年4月）とサイトアクセス数：1965万PV（19年3月）。保有ファン数はfacebook 124,000超、Twitter 92,000超。利用企業数3万社突破。スタートアップ、自治体、地方企業も増加中。情報ソースに利用するメディアが多い一方、生活者が直接見て楽しめるリリースを実現。動画PRや360°の画像など表現幅も拡大、サポート体制も充実
ビジネスワイヤ・ジャパン㈱　03-3239-0755		
各国・地域通信社との提携により、世界150カ国もの有力メディアをカバー	配信先地域・国や業種によって異なる	広範な配信から専門業界へのターゲット配信まで配信前アドバイスから効果検証までトータルケア

出典：山見博康『すぐよくわかる絵解き広報』同友館、2020年

2. 個別取材要請

記者クラブなどで一斉配信するほか、特に重視するメディアには、個別の取材要請も実施します。個別取材要請には、大きく分けて次の2種類があります。

(1) 個別メディアアプローチ

(2) 担当者ストーカーアプローチ

(1) 個別メディアアプローチ

記者・ディレクターの個人名を特定できない場合は、個別のメディア宛てに通常のプレスリリースを送ってください（特定できる場合は次項に述べる「担当者ストーカーアプローチ」で送ります）。具体的な方法は次の4つです。優先順位の高い順にご説明します。

① 訪問

できれば訪問して手渡ししましょう。

訪問の方法は簡単です。

❶　正攻法でアポを申し込む方法

（ⅰ）事前にプレスリリースをＦＡＸで送る

（ⅱ）５分後にＦＡＸの到着確認を兼ね電話する

（ⅲ）１分プレゼンしてアポを依頼する

ただ、よほどニュース価値が大きいネタでなければなかなかアポは取れません。

❷　アポ無しで訪問する方法

私の経験では、新聞社の地方支局などであればアポ無しでも応対してくれると思います。

（ⅰ）夕方４時～５時を狙って訪問する

記者が会社にいる確率が高いのは取材が終わって帰社するこの時間帯です。

（ⅱ）応対の方に「プレスリリースをお持ちしましたのですが」と告げる。

（ⅲ）その方が記者であれば名刺交換し、記者でなければ記者を呼びだしてもらう。

（ⅳ）記者に「お時間あれば説明させてください」と依頼する。ＯＫなら簡潔に説明し、ＮＧなら検討を依頼して退出する。

② 訪問時の注意点

❶ 絶対に自分のネタを押し売りしない

人間は売り込まれると引きます。反射的に逃げたくなります。絶対に押し売りしないでください。ただし、読者・視聴者の役に立つという確信を持ち、聞かないと損しますよというくらいの迫力を持って話しましょう。

私は無理に売り込まなくなってから「わざわざ情報提供しにきてくださって、ありがとうございました」と記者に感謝されるようになりました。

❷ すぐ取り上げてもらおうとあせらない

まずは記者・ディレクターとの関係づくりからです。名刺交換してお話するところから始めましょう。徐々に仲良くなっていつのまにか何度も取り上げられている、そんな状態を目指しましょう。

❸ ダメな理由を聞き、次に生かす

売れないネタにしがみつくのはやめるべきです。その代わりどこがダメなのか記者に教えてもらえばいいのです。そしてダメなところを改善し、次のネタづくりに生かしましょう。

❹ こちらの本気度を印象に残す

足を運んで訪問し、こちらの本気度を見せ、確実に印象に残す、実はこれが訪問の大きな目

的の一つです。

記者自身、新入社員の頃から「取材相手には直（じか）あたりしろ」（＝直接話を聞け」）と教えられてきています。優秀な記者ほど徹底した現場主義です。あなたが足を運んで訪問すれば、ＦＡＸを送ってその後何のフォローもしてこない広報担当者より、はるかに記者の印象に残るはずです。

ただ、最近はセキュリティが厳しくなり、どのメディアでも、アポ無しではなかなか内部に入れなくなりました。その場合はプレスリリースを持参しても受付に預けることしかできません。それでも、わざわざ訪問してきたという印象だけは残すことができます。時間があるとき、私はそのためだけに訪問することもしています。

②　ＦＡＸ

新聞はじめ多くのメディアはＦＡＸでプレスリリースを受け付けています。ただし、ＦＡＸではまぎれて記者に届かないことが多く、しかもカラーを見せることができないので、カラー写真でなければニュース価値が伝わらない場合は、メールか郵送で送ってください。

③　メール

雑誌社など、最近はメールでプレスリリースを受け付けるメディアも増えてきています。ニュース価値を伝達しやすいカラー写真や動画などがある場合は、ぜひメールで送ってください。

④　郵送

ニュース価値を伝達しやすいカラー写真や動画などがあるのにメール受付がない場合や、次項の「お手紙を活用して送る方法」の場合は、郵送でプレスリリースを送付します。

FAX・メール送付時のキモ

電話フォローがマスコミ露出の鍵

プレスリリースを送っても、FAX機（パソコンやネットワーク）のトラブルか何かで届いていない場合があります。また、あまりにも大量に送られてくるので埋もれてしまう場合もあります。私も、確かに送ったにも関わらず「いつ送ったのですか？　見当たりませんのでもう一度送ってください」と言われたことが何度もあります。

「送ったつもり」「伝えたつもり」というのは、コミュニケーションギャップの大きな要因のひとつです。少ししつこいくらい「届いているか」「伝わっているか」確認しましょう。

自分のメッセージを確実に「届ける」「伝える」のは、メッセージの送り手側の責任です。決して受け手側の責任ではありません。マスコミ出身のＰＲコンサルタントの中には、「単なる確認のために電話されるのは迷惑」という理由で、「プレスリリースを送った後のフォロー電話はするな」と言われる方もいます。

私も一時電話するのを控えていました。すると、確かに送っているのに「見ていません」と言われることが何度か起こりました。ある記者には「見落とすことがあるので、遠慮せず確認のお電話くださいね」と言われました。それ以来私は、重視するメディアには必ずフォロー電話をしています。実際に電話すると、ほとんどの場合「わざわざお電話ありがとうございます。これからも情報提供お願いします」と言われます。遠慮なくフォロー電話してください。ただ、ご多忙のようであれば、丁寧にお詫びして早々に電話を切り上げてください。

フォロー電話の掛け方

フォロー電話をどう掛ければよいかという質問もよく受けます。具体的なトーク例をご紹介します。初めて電話するときはドキドキしますが、決して難しいことではありません。次の通り話してください。

※以下の内容は、山見博康先生の『小さな会社の広報・PRの仕事ができる本』68ページを参考にして記述しています。

（あなた：以下Y）FAX（メール）でプレスリリースを送り、5分後に電話する
（マスコミ：以下M）「はい、○○新聞です」
（Y）「お世話になっております。株式会社××の広報担当△△と申します。先程、プレスリリースをFAXしたのですが、お読みいただいたでしょうか？」

【Aパターン】

（M）「あ、その件でしたら読みました」
（あなた）「もしよろしければ、詳しい話を御社だけにさせていただきたいのですが」
（M）「どんな内容か簡単に話してください」
（Y）簡潔にプレスリリースの内容を話す

【A―①パターン】

（M）興味を持って質問してくる

（Y）「一度お伺いしてご説明させてください」とお願いしてアポを取り訪問する

【A―②パターン】

（M）「それでは、取材したい場合はこちらからご連絡いたします」

（Y）「かしこまりました。ご検討よろしくお願い申し上げます」

【A―③パターン】

（M）「申し訳ありませんが、今回は見送りとさせていただきます」

（Y）「承知しました。もしよろしければどこが足りないのか、教えてください」と訊ね今後の参考にします。

独自性がないのか、新奇性がないのか、何が不足なのか教えてもらいましょう。もしかしたら商品そのものを見直すきっかけになるかもしれません。少なくともプレスリリースの切り口・アプローチを変えるヒントはもらえると思います。

【Bパターン】

（M）「読んでいません」

（Y）「今すぐFAXかメールしますのでぜひご覧になってください」

※この後FAX（メール）し、最初のトークに戻ってやり直す。

フォロー電話時の注意点

FAX（メール）を送って電話するタイミングには十分気をつけてください。記者が忙しいタイミングに送ってはいけません。当たり前のことですが、相手のタイミングに合わせて送ってください。

全国紙の場合、最終版の〆切は朝刊午前1時半、夕刊午後1時半頃ですから、朝11時から13時までは夕刊の準備、夕方5時以降は翌日の朝刊の準備でバタバタしています。産業経済紙や業界専門紙の場合、〆切は夕方4～5時ですから、午後2時以降は多忙です。多忙な時間帯にFAXして電話フォローするのは絶対に避けましょう。

メールの超具体的な送り方

メールの送り方についても気をつけてください。プレスリリースをメールに添付して送信し、送ったつもりになってはいけません。

「添付されたプレスリリースの内容について、メールの件名とメール本文に何も書いていない場合は、即、無条件に削除しています。忙しくて添付をクリックして読む手間さえ惜しいんです。何か書いておいてもらえれば、興味を持って添付のプレスリリースも読むことがあるんですが」

ぞっとしました。それでメールを送っても送っても反応がなかったのか。私は翌日からメールの件名にプレスリリースのタイトルを入れ、メール本文にリード文以降の全文を転載するようにしました。添付をクリックしなくても内容がすべて読めるようにしたのです。その上でプレスリリース自体もメールに添付しました。メール本文で読みにくければ、添付プレスリリースで読めるようにという配慮です。とにかく記者に極力手間がかからないように細心の注意を払ってください。さもなければ記者はすぐに次のプレスリリースチェックに移行してしまいます。

(2) 超強力！　担当者ストーカーアプローチ

非常に強力な方法をご紹介します。ここまでやる人はあまりいませんから。記者はあなたのことを一発で覚えてくれます。私が指導して実行した方は全員マスコミに取り上げられています。

その方法とは、「ネタを歓迎してくれそうなメディア宛て」だけではなく、その先にいる「ネタを歓迎してくれそうな記者やディレクター」を探し出し、その人宛てにプレスリリースを送る方法です。まず、担当者を探し出す方法をご紹介します。

① 担当者を探し出す方法

新聞の場合

担当者ストーカーアプローチの基本は新聞です。記事を書く現場の記者を狙うのです。

大都市の大きな図書館には全国紙各紙の過去記事のデータベースがあります。朝日新聞の「聞蔵Ⅱ」、読売新聞の「ヨミダス歴史館」、毎日新聞の「毎索」、産経新聞の「産経電子版」、日経新聞の「日経テレコン」です。自社商品カテゴリーや競合企業名などのキーワードで最近1年分の記事を検索し、自社や自社商品に関連する記事を抽出してください。その記事の最後に記者の署名があれば、その人があなたのターゲットです。もし記事の後に署名が無ければ、その記事の掲載年月日、掲載された版（東京本社版とか大阪本社版など）、朝夕刊の別、掲載ページ、掲載記事の見出しをメモしておいてください。そして、新聞社に電話してメモの内容を伝え、「この記事を書いた記者にプレスリリースで情報提供したい」と伝えてください。その記者の名前を調べて教えてくれるか、その記者に届く宛名の書き方を教えてくれます。

雑誌の場合

雑誌の場合はターゲットメディアに電話してあなたの業界の担当者を教えてもらい、連絡先を聞いてください。もしわからなければ編集長を調べてください。その雑誌の裏表紙の背表紙近くや目次まわり、裏表紙近くなどにあるスタッフリストを見れば「編集長」や「編集記者」と書いてありますのですぐわかります。メディア研究のためにもその雑誌を購入して確認してください。

雑誌によっては、新聞の場合と同様大きな図書館で過去記事のデータベースを業界・商品キーワードで検索し、記者名を特定することができます。「大宅壮一文庫のＷｅｂ版」や「日経テレコン」で検索してください。

業界専門紙・誌の場合

業界専門紙・誌やサイトへの個別アプローチは容易です。電話して、電話に出た方に「貴紙（貴誌・貴サイト）の業界・専門分野のプレスリリースをお送りしたいので、ご担当の記者を教えてください」と依頼してください。喜んで記者名やＦＡＸ番号、メールアドレスを教えてくれます。

　彼らはまさにあなたの情報を求めているわけですから、簡潔にプレスリリースの内容を説明すれば、普通の記者なら必ず興味を持って話を聞いてくれるはずです。自信を持ってお電話しましょう。

テレビの場合

　テレビはディレクターを狙いましょう。狙う番組を録画し、最後に流れるエンドロールに注目してください。スタッフの名前が流れてきますので、録画を一時停止しディレクターの名前をメモしてください。プロデューサーではなくディレクターです。ディレクターが番組の企画内容を決定します。ディレクターが複数いる場合は交代で番組制作していることを意味します。特定のディレクター宛てに送ると他のディレクターの目に触れなくなるので、宛名を「ディレクター様」として全員に見てもらえるように送ってください。

　長時間番組でいくつかコーナーがある場合は、ホームページで過去の放送内容をチェックし自社のネタにふさわしいコーナーを見つけます。見つかったらそのコーナーの担当ディレクター宛てにプレスリリースを送りましょう。エンドロールで名前がわからなければ「○○コーナー担当ディレクター様」でＯＫです。

②　担当者ストーカーアプローチの方法

探し出した担当者宛てにプレスリリースを送る方法をお伝えします。個別メディアアプローチの項で説明した方法（訪問、ＦＡＸ、メール）でアプローチしてもかまいませんが、おすすめは次に述べる方法です。記者の心を動かすにはこの方が絶対に効果的です。

その方法には以下の2種類があります。

❶「通常プレスリリース＋お手紙」

第2章の「プレスリリースの雛形」に基づいて作成した通常のプレスリリースに、自らの想いや志を綴ったお手紙を添えて送る方法です。重視するメディアには必ずこの方法で送付してください。

❷「お手紙プレスリリース（中島流）」

第2章の「お手紙プレスリリース（中島流）」の形式で書いたプレスリリースを送る方法です。特に重視するメディアに社運をかけた商品をプレスリリースするような重大な場面では、この方法を強く推奨します。

❶❷共通の具体的な送り方

ⓐ（手書き）心のこもった手書きの文を訴える。必要なし。ただし、できるだけ相手が読めるように丁寧に書き、思いの丈を訴える。

ⓑ（筆記用具）可能なら、高価なものでなくてもいいので万年筆で。なければボールペンでもOK。

ⓒ（便せん）普通の便せんで大丈夫。B5でもA4でもOK。

ⓓ（縦書き）横書きがダメとは言わないが、やはりイメージは縦書き。

ⓔ（複数枚の綴じ方）手紙なので、2枚以上になっても、ホッチキス止めやクリップ止めにする必要なし。普通に重ねればよい。

ⓕ（封筒）個人から個人へのお手紙として出すので、普通の長三の茶封筒がおすすめ。白い郵便物が多いので、茶色の方が目につきやすい。

ⓖ（折り方）記者が封筒から取り出してすぐ読むことができるよう、三つ折りにする。四つ折りにすると広げるのが少し面倒。

ⓗ（封入物）いかにも宣伝臭い販促物は避ける。営業色の薄い技術資料や写真、イラスト、動画ならOK。

ⓘ（封筒表面）宛先の個人名を大きめに明記

ⓙ（封筒裏面）差出人の住所氏名は個人の住所氏名・携帯電話番号・メールアドレスを記載する。記者は手紙を見なくても封筒裏面を見て電話でき、手間が省ける。とにかく徹底的に記者の手数を減らす。なお「個人から個人へのお手紙」なので会社名は記載しない（必要なら封入物に記載）。

このお手紙プレスリリースで、理学療法士の羽原和則さんも、ワールドダンサーの森昭子さんも、「居酒屋鮮道こんび」さんも、マスコミに掲載されました。

基本は人対人です。マスコミの記者は特別な近寄りがたい人たちではありません。記者に対して、人としてできる限りの気遣い、心配りをしましょう。なるべく手間をかけないように、ネタを求めている記者のお役に立てるように振舞いましょう。そうすれば記者もあなたのことを丁重に扱ってくれます。自分のネタを押し売りすることばかり考えて一方的にアピールするのは止めましょう。今後末永く仲良くしてもらえるようにアプローチしてください。

3. 最強の必勝方程式・三弾ロケット作戦

プレスリリースは何度送ってもかまいません。一回送ったからと言って、仕事をしたつもりになってはいけません。ある記者が採用してくれなかったとしても、ほかの記者なら採用してくれるかもしれません。

しつこいくらいでちょうどいいと考えています。毎日大量のプレスリリースが送られてくるわけですから、遠慮していたら見過ごされてしまいます。「礼儀正しくあつかましく」この成功の秘訣を忘れないようにしてください。

私がここぞというネタのときに実際にやっている方法は次の「三弾ロケット作戦」です。

必勝方程式⑤ プレスリリース・三弾ロケット作戦

第一弾　記者クラブ
第二弾　個別アプローチ
第三弾　担当者ストーカーアプローチ

第一弾　記者クラブ

記者クラブに「通常形式」のプレスリリースを「投げ込み」

（ターゲットメディアを絞り込んでいる場合はこのステップを飛ばしてもかまいません。大都市の記者クラブはプレスリリースの数が多いのでその中から選ばれるのは至難の業です。このステップを省略しても、第二弾と第三弾を徹底すれば十分取り上げられるチャンスはあります）

第二弾　個別アプローチ

ターゲットメディアに「通常形式」のプレスリリースをＦＡＸあるいはメール、そして電話フォロー

第三弾　担当者ストーカーアプローチ

特に重視しているメディアの記者・ディレクターには、担当者ストーカーアプローチ法で、「お手紙プレスリリース」を郵送、そして礼儀正しくあつかましく電話フォロー

この第三弾における「担当者ストーカーアプローチ」×「お手紙プレスリリース（中島流）」×「礼儀あつかま電話フォロー」の組み合わせは、超強力です。社運を賭けた商品のＰＲのような重要な場面では、ぜひ実践してください。

必勝方程式⑥　担当者ストーカーアプローチ（中島流）
「担当者ストーカーアプローチ」×「お手紙プレスリリース（中島流）」×「礼儀あつかましく電話フォロー」＝マスコミ露出

きわめて大事なことですので、あらためてもう一度言います。プレスリリース初心者の方の中には、「プレスリリースを送ったら仕事は終わり。後は待つだけ」という方が少なくありません。ところが、私の経験から言いますと、本当に大切なことはその後の電話フォローです。相手は多忙なのです。どんなに情熱を込めてお手紙プレスリリースを書いても、それだけでは取り上げてくれないと思ってください。必ず礼儀正しくあつかましく電話フォローして熱い想いを直接ぶつけてください。

4．プレスリリースはいつ出す？

これもよく聞かれますが、答えは「マスコミが比較的忙しくないとき」です。

マスコミ全般

(1)　年間

2月、5月GW前後、8月がおすすめです。この時期はニュースが少ない「ネタ枯れ」の時期です。可能なら戦略的にこの時期を狙ってください。逆に12月～1月中旬までは最も忙しい時期ですので、できれば避けた方がいいでしょう。

(2)　月間・(3)　週間

月初・月末。週初め・週末はバタバタしています。なるべく避けましょう。

※特殊要因

選挙やオリンピック、毎年やってくる特別な日（例：東日本大震災○周年、広島平和記念日、終戦記念日など）も避けてください。特集が組まれるため、他のネタを取り上げるスペースが縮小されています。

新聞

全国紙の場合は前述のように夕刊準備と翌日朝刊準備の間＝午前10時～11時、午後2時～4時となります。

産業経済紙や業界専門紙の場合、午前10時〜午後2時です。

テレビ

お昼前後の情報番組、夕方の情報番組、夜の報道番組の場合、放送時間中はもちろん、前後2時間くらいは避けましょう。事前打合せ・事後反省会をやっている可能性があります。また、プレスリリースを出したその日のうちに取材に来ることも想定し、取材クルーが準備・移動するために必要な時間を計算し余裕をもって配信するようにしましょう。

雑誌

発行スケジュールを調べ、校了日（月刊誌なら発行日の1〜2週間前、週刊誌なら発行日の4日くらい前）直前は絶対に避けてください。

大事件・大事故が勃発すると、掲載予定だったあなたのネタが飛ばされてしまい、そのままボツになることも珍しくありません。一度電話してコンタクトしてみましょう。記者も申し訳ないという気持ちがあるので、切り口を変え、あらためてその記者に興味を持ってもらえるように情報提供すれば、取り上げられる確率が上がります。

◎〆切を知ろう

メディアの「原稿〆切時間」を考えて情報提供すると喜ばれます。200ページにも書きましたが、新聞の場合、首都圏の朝刊では最終版が午前1時半、夕刊の最終版は午後1時半頃になります。情報提供は、夕刊向けには遅くとも前日まで、翌日の朝刊向けには午前中、遅くとも午後2時頃までに行うことが大切です。

産業紙や業界・専門紙などは通常午後4時から5時頃までなので、情報提供は遅くとも前日が望ましく、午前中か、午後であればできるだけ早めに行います。

通信社もテレビ（ニュース番組以外）は〆切がありません。取材や問い合わせには「いつまでに？」と聞く癖をつけ、早め早めに回答しましょう。

5．ホームページで取材確率を高める

(1)　ホームページの受けは大丈夫か？

プレスリリースに記載した商品・サービスが貴社のホームページのどこに掲載されているのか、わかりやすいですか？　すぐにそのページにたどり着けますか？　そのページにはプレスリリース以上に詳しい情報が掲載されていますか？

(2) ホームページに盛り込む内容

プレスリリースの客観的証拠（エビデンス）となる科学的なデータやわかりやすい図表・グラフを記載できませんか？

記者は多忙ですから、難解な専門用語が出てくる漢字の多い文章は読んでくれません。動画や漫画など、直感的にわかりやすい説明にトライしてください。動画も1分までがベストです。もちろん1分では語り尽くせないでしょうから、別途5分程度の動画も同時に掲載しておくとよいでしょう。

ホームページの問い合わせフォームで受け付け、メールで記者の興味を引きそうな情報を無料提供しませんか？　商品開発者の苦労話インタビュー動画とか、商品愛用者の本音の声を集めた小冊子とか、凝ったものでなくても記者の興味を引くことはできると思います。このしくみで記者のメールアドレスを取得すれば、継続的にプレスリリースを送ることができます。「プレスリリースを送ったら終わり」ではなく、ホームページにその後につながるしかけをしておきましょう。

(3) SNSでも連動して情報発信

プレスリリースで興味を持った記者は必ずホームページをチェックし、さらに興味を惹かれればYOUTUBEやINSTAGRAM、TWITTER、FACEBOOKなどのSNSもチェックしています。プレスリリースだけではなく、SNSでもプレスリリースに連動させた情報発信をしておけば、記者の取材意欲を高めることができます。

ただし、自社商品の自慢を一方的に発信しているような会社は敬遠されます。世のため人のため自社商品がどう役に立つのか、常にそこを伝えることを意識してください。

4 取材の受け方

取材依頼は電話で突然来ます。そのときの取材対応の手順は以下の通りです。

1. 取材対応の流れ

(1) 取材依頼内容の確認

マスコミの取材申込を受けたら、依頼内容を確認し、「取材申込み対応チェックリスト（ヒアリングパート）」を作成してください。

社長など社内の了解が必要な場合、マスコミには「内部で確認の上折り返し早急にご連絡します」と回答してください。

取材申込み対応チェックリスト（ヒアリングパート）

項目	内容
＜ヒアリングパート＞	
取材テーマ	例：新商品〇〇
メディア名	例：△△新聞神戸支社
記者名	例：××記者
希望日時	例：●月×日
希望場所	例：自社A会議室
取材対象	例：商品開発部△△課長
取材内容	例：商品特徴、開発背景、開発秘話、今後戦略
取材方法	例：個別インタビュー
露出想定時期	例：未定
露出想定場所	例：△△新聞兵庫版
露出想定サイズ	例：半2段程度
＜対応戦略パート＞	
目的	例：新商品販売拡大
目標	例：新商品売上目標
ターゲット	例：20代～30代のキャリアウーマン
訴求ポイント	言いたいこと、残したい印象 例：独自の特徴、先進性
NGポイント	聞かれたら言ってもよいこと 例：投資計画 言ってはいけないこと、残したくない印象 例：マル秘の製法
準備物	例：商品カタログ、会社案内、想定問答集、

(2) 取材可否の社内決定

「取材申込み対応チェックリスト（ヒアリングパート）」をもとに、超特急で取材の可否を決定し、マスコミに連絡して取材日程・取材場所・取材対象の調整に入ってください。ここで出遅れるとマスコミは次の会社にあたりはじめます。マスコミ対応はスピードが勝負です。もたもたしていると次はない、そんな世界です。逆にここでスピーディに対応すると「あの会社は対応が早くて取材しやすい」と思ってもらえ、次の取材につながります。

取材に際して社内に徹底すべき事項

新聞掲載やテレビ放映などのマスコミ露出の前に、掲載内容や放映内容を事前チェックすることはできません。業界専門紙・誌の場合は、事前チェックできる場合もありますが、あくまで事実関係や数字関係の誤りがないかチェックするためです。文章や映像の修正などマスコミの編集制作権に関わる大幅な変更はできません。

ただ、取材時や取材直後、マスコミに対し掲載内容や放映内容に対する「要望」は出してください。特に社名や商品名の露出は大きく目立つように誘導しましょう。黙っていたら絶対に大きく取り上げてもらえません。「礼儀正しくあつかましく」です。ただし、あくまで「要望」なので、マスコミがそれに従ってくれるとは限りません。特にＮＨＫはかなり難しいと思います。それでも一応は「要望」を出してみてください。

(3) 想定問答集の作成

マスコミに事前に質問項目・取材希望項目を出してもらい、社内で資料・情報を収集、それをもとに想定問答集を作成します。

(4) 「取材申込み対応チェックリスト（対応戦略パート）」作成

前出「取材申込み対応チェックリスト（対応戦略パート）」を参照ください。

(5) 資料・情報・お土産などの準備

初めての取材の場合は、プレスリリース現物、商品パンフレット・チラシ・カタログ、会社案内、学生向け入社案内、その他関連資料、手土産などを用意します。

手土産は、自社商品サービスに関連する、千円程度までのものがベストです。高額なものは受け取ってもらえませんのでNGです。

(6) 取材対応の事前打合せ

「取材申込み対応チェックリスト（対応戦略パート）」と想定問答集（案）をもとに、社長など最終責任者・取材対象者・広報担当者と、取材対応の打合せを行い、想定問答集を確定します。

このときのポイントは、

> **「言いたいこと・残したい印象」**
> **「言ってもよいが聞かれなければ言わないこと」**
> **「言ってはいけないこと・残したくない印象」**

この3種類の最終徹底確認・共有です。

特に、出したい・出してもいい数字、出してはいけない・出したくない数字を最終確認してください。

事実を隠蔽するのではなく、事実ではないこと・不正確なことを報道されないためです。基本的には事前チェックできない（例外的にできるケースもある）ので、重要な事実と数字はしつこく細かく確認するようにしてください。

できれば「言ってはいけないこと・残したくない印象」はできるだけ少なくしてください。「あれもこれも言えません」では、「それならそもそもプレスリリースするな」と記者に言われてしまいます。もちろん「競合対策上言えないことは言えない」でかまいませんが、言い方には十分に注意してください。「時期が来たら必ずお話しします」など、誠実な対応をしてください。

(7) 取材対応の直前打合せ

社長など最終責任者・取材対象者・広報担当者と、特に「言いたい内容・数字」「言ってはいけない内容・数字」を最終確認してください。

(8) 取材対応時の注意点確認

当たり前のことを当たり前に実行すれば大丈夫です。

- 会社の入口付近や撮影想定場所の5S（整理・整頓・清潔・掃除・躾）
- お客様をお迎えするときと同様、失礼のないように、挨拶や言葉遣い、行動に注意してください。

(9)　取材直前のマスコミへの依頼事項

・ＩＣレコーダーによる取材の録音
・自社ホームページ等に掲載するための、取材風景の撮影・録画
・オフレコを依頼する場合があることの了解

(10)　取材本番の留意点

ⓐ広報担当者は必ず同席、取材内容を記録
ⓑ誤解を招くような発言があれば、その場でフォロー
ⓒ出したい・出してもよい数字があれば、紙で用意しておき、その場で手渡し
ⓓ取材風景を写真や動画で撮影
ⓔ取材終了時、当方が対応すべき宿題をマスコミに最終確認
ⓕ取材終了時、気になる点、デリケートな点があればマスコミとニュアンス確認
ⓖ取材終了時、掲載（放送）想定日時を確認
ⓗ自社の社名・商品名の露出最大化を依頼

⑾ 議事録の作成・マスコミ送付

できる限り早く取材議事録のポイントを取りまとめ、必要と判断すればマスコミに送付するとともに、関係者に共有してください。特に数字や年号、事実関係の間違いが無いようにしつこく念押ししてください。いったん報道されてしまうと、後で訂正記事を出してくれることはほぼないと思ってください。

⑿ 取材後のスピード対応

マスコミからの問合せに迅速に対応してください。モタモタしていると、露出される予定だった記事や放送も〆切の関係上いとも簡単に飛ばされるおそれがあります（213ページ参照）。スピードが命です。「合食」時代、競合他社が飛ばされ、そのおこぼれでテレビに取り上げていただいたことが2回あります。明日は我が身です。クイックレスポンスを徹底しましょう。

とはいえ、いい加減な回答は命取りになります。その時点で信頼を失います。必ず社内で徹底的な裏取りをしてから回答しましょう。

⒀　露出後対応

記事・放送内容を見て内容に問題ないかチェックし、できるだけ早く社長など幹部、取材対象者、関係者に共有しましょう。

万一事実誤認があれば社内協議の上、悪質な場合は厳重に抗議し、訂正記事の掲載を要求してください。

⒁　社内共有

朝礼や社内会議、ホームページ、社内報などで、取材風景写真などとともに、マスコミ露出を報告しましょう（取材風景写真の掲載はマスコミの許可を取っておけば問題なし）。

影響力の大きいメディアでの露出は、マスコミの許可を取ってホームページ等で掲載しましょう。

⒂　社内振り返り会

最終責任者（特に重要な案件の場合は、経営幹部も）・取材対象者・広報担当者と、振り返り会を実施します。

言いたいことが取り上げられたか、言いたくないことが取り上げられなかったか確認し、良かった点・今後の改善点を集約・次回以降の取材に活かしましょう。

⒃ マスコミフォローアップ

マスコミに必ずお礼のメール・電話等を行ってください。
マスコミ露出はゴールではなく、信頼関係構築のためのスタート地点です。

2. ファクトブックを作っておこう

(1) ファクトブックの必要性

ファクトブックとは、市場・業界・競合・自社の概要、自社の経営戦略・コミュニケーション戦略・広報PR戦略についてまとめた資料のことです。大企業は大体つくっています。マスコミは無名の中小企業のことは何も知りません。いざ取材となれば、当然会社のことを根掘り葉掘り聞いてきます。そのときすぐに答えられないようでは広報として恥ずかしいと思ってください。

もちろん細かい数字などすべての質問にその場で詳細に答えることは無理でしょう。その場合はまず「いつまでにお答えすればいいですか?」と聞いてください。記者は〆切で動いていますので必ず教えてくれます。その〆切を厳守してください。それを守れないようでは広報失格です。

中には2～3日では回答できない質問もあるでしょう。そのときは早めに正直に「その質問にお答えするには時間がかかります」と言いましょう。「愚直に真摯に誠実に」それが広報担当者の取るべき姿勢です。

良く調べもせずにいい加減な回答をしたり、回答がわからないままずるずるとその記者に連絡を取らなかったり、そんなことをしたらあの会社の広報担当者はいい加減だという情報が伝わり、信頼を失ってしまうでしょう。広報担当者はマスコミにとっては貴社の顔です。あなたの言動が貴社のイメージを左右します。確固たる責任感を持って一人ひとりの記者に丁寧に対応してください。

そのためには、記者が要望するタイミングにただちに情報を提供できるよう、あらかじめファクトブックを作成しておくことが必須です。

(2) ファクトブックの内容

主な項目は227ページの通りです。著者が作成した実例も228～229ページに掲載しておきます。すべてを完璧に網羅する必要はありませんが、少なくとも自社の部分だけはできるだけ詳しく記載しておいてください。記者の質問に即答できればあなたの株が上がります。特に数字関係は押さえておくべきです。創立年月日とか売上高、従業員数など基本となる数字は丸暗記しておきましょう。

市場や競合の情報が豊富であれば記者にレクチャーすることもできます。たとえば全国紙の記者の場合、一年半から二年で担当替えになるので、「広く浅い」情報は持っていますが、あなたの業界については素人です。あなたが情報提供すれば、あなたを信頼していろいろと依頼してこられるでしょう。

それから、社長はじめ専務・常務など、主要な経営幹部の上半身、胸より上の写真を複数用意しておいてください。オフィシャルな正面写真、カジュアルな写真、執務風景の写真など3～4枚あれば万全です。できればプロのカメラマンに見栄えの良い写真を撮影してもらってください。いつでもマスコミの要望に応えられるようにしておきましょう。

ファクトブックの代表的項目例

〈自社〉	・商号・本社所在地・創立年月日・資本金・代表者
	・国内／海外事業所・売上高・従業員数
	・歴史沿革
	・役員一覧・組織図
	・会社理念・ビジョン・行動指針・ロゴ・ロゴマーク
	・主要事業・商品サービス
	・自社の強み・弱み
	・自社の経営戦略・商品サービス戦略
	・コミュニケーション戦略・広報PR戦略
	・今後の戦略
〈市場・業界〉	・市場規模とその推移
	・市場の歴史
	・市場の今後動向
	・主要商品・サービスとその市場規模・推移
〈競合〉	・主要競合企業・主力商品・歴史
	・各競合企業の強み・弱み
	・各競合企業の経営戦略・商品サービス戦略
	・各競合企業のコミュニケーション戦略・広報PR戦略・
〈環境〉	・市場・業界に関連する政治（法律）の動向
	・市場・業界に関連する経済の動向
	・市場・業界に関連する社会の動向
	・市場・業界に関連する技術の動向

〈著者が作成した「合食」ファクトブックの「自社情報」〉

長期経営計 中期経営計画

ビジョン　加工用水産原料と水産加工品製造のグローバルリーディングカンパニー
グループ合計売上高(億円)
グループ合計経常利益(億円)
グループ売上高経常利益率(%)

基本方針　(1)経営基盤の強化
・海外展開、事業規模拡大を実現するための人事制度再整備・人事戦略構築
・グローバル人材育成のための資格別・能力別研修、語学学習補助制度の充実
・業務効率化、生産性向上、経費削減を実現させるIT活用の推進
・食の安全安心と生産性向上を両立させる自社工場の生産管理・品質管理強化
(FSSC22000八戸工場取得、函館、呉へ拡大展開)
・国内・海外協力工場の品質管理強化、協力工場との連携強化による商品開発力強化

(2)オープンイノベーション推進による商品開発力強化と独自技術の獲得
・大学や医療業界、健康医療雑誌、有名料理店や料理研究家、ソムリエ等著名人とのコラボ
(弘前大学や京都大学、日経ヘルス、分けとく山、高野ソムリエ等)
・米国等海外向け商品開発
・NB強化

(3)5大カテゴリー戦略
①グローバルサプライチェーン
②チルドロングライフ煮魚・焼魚
③健康・美容食品
④加工用農産原料
⑤業務用フライ・天ぷら

上記計

①グローバルサプライチェーン(詳細はグローバル戦略sheetで)
・世界的な健康志向の高まり、日本食ブーム浸透により、世界の水産物需要は急拡大
・特に米国、欧州は市場規模も巨大で、健康志向も強く、魅力的な市場
・一方、日本国内の水産物需要は魚離れ、少子高齢化により、長期低落傾向
・当社はシンガポール、ベトナム、中国、チリに拠点、世界中で水産物を調達・販売
・調達については、従来のASEAN、中国、韓国に加え、北米、欧州、オセアニア等新産地開拓
・海外輸出については、米国向け鮮魚輸出はじめ日本食関連商品が引き続き好調

③健康・美容食品
・おいしい減塩シリーズ、ヘルシースナッキングシリーズが好調
・産学連携では、弘前大学とリンゴのポリフェノールを活用した機能性食品の商品化を研究
・京都大学とは、水産物から抽出した機能性成分の研究をすすめ、機能性おやつの開発に活用
・弱みの畜肉、チーズ、素材菓子については、協力工場との連携強化
・病院介護や通販等新規チャネル、新カテゴリー開拓には、M&Aや業務提携も検討

〈著者が作成した「合食」ファクトブックの「市場業界情報」〉

●調味水産加工品業界資料

	2017（予想）	2018（予想）	
		（百万円）	
調味加工品全体合計	363,251	347,688	100.0%
うち水産物佃煮類計	93,599	93,226	26.8%
・こんぶ佃煮類	54,108	53,871	15.5%
・その他佃煮類	39,491	39,355	11.3%
うち乾燥焙焼揚加工品計	79,290	82,777	23.8%
・イカ製品	33,976	33,573	9.7%
・その他	45,134	49,204	14.2%
うちその他調味加工品	190,362	171,685	49.4%

	2017（予想）	2018（予想）	
		（トン）	構成比(%)
調味加工品全体合計	219,722	214,805	100.0%
うち水産物佃煮類計	76,716	76,555	35.6%
・こんぶ佃煮類	36,217	36,094	16.8%
・その他佃煮類	40,499	40,461	18.8%
うち乾燥焙焼揚加工品計	72,414	74,262	34.6%
・イカ製品	28,427	28,118	13.1%
・その他	43,987	46,144	21.5%
うちその他調味加工品	70,592	63,988	29.8%

●競合業績資料

（百万円）

		平成28年3月	平成29年3月
マルハニチロ（単体）	売上高	421,171	424,180
	経常利益	7,063	15,343
ニッスイ（単体）	売上高	357,656	361,344
	経常利益	8,575	10,841
極洋（単体）	売上高	226,626	236,561
	経常利益	2,814	3,709
なとり	売上高	41,063	43,365
	経常利益	2,203	2,017

第四章

マスコミに出てからが本当の勝負
——何度でもマスコミに取り上げられ、売れ続ける方法

1 マスコミ露出を徹底的に活用しよう

1．できることはすべてやろう！（二次利用のおすすめ）

マスコミに取り上げられたら、「出た！」と言って喜んでいる場合ではありません。すぐさまそれをフル活用しましょう。

著作物の使用許可を取って、掲載紙・誌や放送映像を掲載してください。

使用許可が得られない場合は、文章だけでもいいので、マスコミに取り上げられたことを報告しましょう。また、取材時に記者の許可を取り、インタビューや取材をしている風景を撮影し掲載しましょう。これは著作権には抵触しません。

ホームページ、メルマガ、ブログ、フェイスブックページ、ツイッター、インスタグラム、YOUTUBE、LINE公式アカウント、社内報、販促チラシやパンフレット、顧客向け企画書や提案書、セミナーや講演会などで発表し、「マスコミ露出」を徹底的に活用しましょう（「二次利用」と言います）。

記事・報道二次利用（引用・転載）許可申請方法一覧（2020年6月現在）（首都圏の場合）

1．当該メディアのWebサイト上の記事利用申請要領に基づいて
　1件毎に許諾を得る必要がある。有料にて掲載可。
2．無断利用は、「著作権法違反」となる。
3．①著作物利用申込書②記事コピー③営利用方法が判る物の3点をFAXかメールか郵送で
4．金額は、著作物、利用したい大きさ、配布部数等により著作物によって異なる
5．利用の場合①出所明示②記事・写真の改変不可③ウェブサイト掲載期間は最長1年
6．記事利用以外に写真・図版貸出・利用や社内クリッピング配布に関しても許諾が必要

	著作物名	担当部署名	TEL / FAX/mail
全国紙系	読売新聞，YOMIURI ONLINE 週刊読売　他	読売新聞社 メディア事業局知的財産担当	03-6739-6961　03-3216-8980 t-chizai06@yomiuri.com
	朝日新聞、週刊朝日、AERA 朝日新聞デジタル他	朝日新聞社 法人営業部 知財事業チーム	03-5541-8939　03-5541-8140 kiji@asahi.com
	毎日新聞、エコノミスト・サンデー毎日、毎日ニュースサイト　他	毎日新聞社　知的財産ビジネス室（毎日フォトバンク）	03-3212-0291　03-5223-8334 photobank@mainichi.co.jp
	日本経済新聞、日経産業新聞 MJ、日経ヴェリタス、電子版他	日本経済新聞社　法務室記事利用・リプリントサービス担当	03-5696-8531　03-5696-8534 reprint@nikkei.co.jp
	産経新聞 ビジネスアイ、サンケイスポーツ	産経新聞東京本社 知的財産管理センター	03-3243-8480　03-3270-9071 t-kijishiyo@sankei.co.jp
	産経ニュース オンラインサイト	産経デジタル 総務部	03-3275-8632　03-3275-8862 digital.info@sankei.co.jp
	日刊工業新聞	編集局調査管理部	03-5644-7104　03-5644-7029 —
ブロック紙	北海道新聞	デジタルメディア部著作権担当	011-210-5804　011-210-5665 Db55@hokkaido-np.co.jp
	中日新聞	知的財産課	052-201-8811（代）　052-221-0896
	東京新聞	知的財産課	03-6910-2080　03-3595-6901 t-copy@chunichi.co.jp
	西日本新聞	データベース資料室 著作権担当	092-711-5166　092-711-5277 chosakuken@nishinippon-np.jp
ビジネス誌	日経ＢＰ社発行誌（日経ビジネス・日経トップリーダー他）	ライツセンター 著作権窓口	03-6811-8348　050-3153-7345 cr8348@nikkeibp.co.jp
	週刊ダイヤモンド	編集部	03-5778-7214　03-5778-6614
	週刊東洋経済	編集局	03-3246-5481　03-3270-0159
	プレジデント	編集部	03-3237-3737　03-3237-3747
	財界	編集部	03-3581-6773　03-3581-6777
	経済界	編集部	03-6441-3742　03-5561-8667

出典：山見博康『すぐよくわかる絵解き広報』同友館、2020年

〈日の出医療福祉グループ　ホームページより〉

2. ホームページへの掲載

(1) 「メディア掲載実績」ページ

ホームページに掲載するときは、トップページの「お知らせ」コーナーに掲載しましょう。あなたが思っている以上に「マスコミ露出」の威力は抜群です。特に新規顧客、新規取引先などあなたをよく知らない関係先の社会的信頼を一気に獲得することができます。それだけで新規受注獲得の第一段階をクリアできます。

ホームページの中に「メディア掲載実績」のページを作っておきましょう。マスコミ関係者が一覧できるようにしておくのです。これによりあなたの社会的評価や信頼性は大幅に向上します。既にマスコミに取り上げられていれば記者は安心して取材できるので、取材依頼が来る確率が高まります。

マスコミは必ず「メディア掲載実績」をチェックしています。そして面白いネタがあれば電話してきます。こうしていわゆる「報道連鎖」が生まれるのです。

(2) マスコミ常連への道

マスコミに取り上げられた会社は何度も取材されるようになる一方、一度も取り上げられことがない会社はなかなか取り上げられません。取材される会社は新しいトピックスが出る度に何度でも取り上げられています。中小企業でもマスコミの常連になることはできるのです。マスコミは多忙なので新しく中小企業の小ネタを発掘している時間がありません。マスコミ露出が多くて信用できる会社を取材した方が手っ取り早くて安心なのです。

同じような商品を出していても、広報に長けた会社はマスコミ常連となり、下手な会社はいつまで経っても無名のままです。知らせる努力をしているかどうかの違いです。

「ウチの商品の方がいいのに」と社内で愚痴っていてもマスコミは取材に来ません。客観的にウチの商品の方が優れているというエビデンスを付けてプレスリリースを出し、マスコミ露出を獲得する努力をしましょう。顧客価値・社会価値があれば、知名度に関係なくマスコミに取り上げられます。

社長自ら広報を経営者の義務・使命として取り組み、広報体制を整え、プレスリリースを発信し、マスコミ露出を多くして、社会的な名声を獲得しましょう。

そうすれば、3年後、5年後にはマスコミ常連となり、「メディア掲載実績」は充実し、ライバルとの業績差を広げて「勝ち組」になっていることでしょう。

(3) 「プレスリリース」ページ

ホームページといえば、忘れてはいけないのが「プレスリリース」のページです。発信したものは、マスコミに取り上げられなかったものも含め、必ず全部掲載しておいてください。取り上げられなかったといって、すべてがニュース価値の無いネタだったとは限りません。たまたまそのとき大事件や大災害が起こったのかもしれません。大イベントや総選挙の期間だったのかもしれません。ネタはいろいろな理由でボツになります。逆に言うとネタはいろいろな理由で採用になります。タイミングが合えば、小ネタでも採用になります。過去のプレスリリースを見て、記者が現在追いかけているテーマに合うと思って電話してくることもあります。ですから過去に採用されなかったネタも含めて必ず「プレスリリース」ページに掲載しておいてください。

半年〜1年以上経ってから取材依頼が来ることも少なくありません。ぜひ検索しやすいようにホームページに掲載しておいてください。

3．販促物等への掲載

販促チラシやパンフレット、顧客向け企画書や提案書にもぜひ掲載してください。食品メーカー「合食」時代、営業に依頼され（著作権をクリアした上で）「○月○の日のテレビ番組で当社商品が放送されます。お客様が殺到することが予想されますので、至急ご発注ください」という簡単なチラシを作ったことがあります。印刷が間に合わないのでパワーポイントを印刷して配布しました。中小企業はフットワークが命です。大企業とまともに戦って勝てるわけがありません。常にゲリラ作戦の連続です。ホームランが打てなくても手堅くスクイズで一点もぎ取って勝つ高校野球を見習いましょう。

2　マスコミをファンにする

1．マスコミをファンにする（精神論）

記者とのおつきあいも、最後は「人と人」です。コロナなのでやりにくいですが、できる限りリアルでおつきあいすることをおすすめします。

① お礼電話（メール）

マスコミに取り上げてもらったら電話やお礼のメールを送りましょう。仲良くなるためには電話を推奨します。お礼のためだけに電話するのが躊躇されるなら、たとえば「反響が大きい」などの報告を兼ねて電話するという手があります。特にリモートの時代となり個別に親しくなるきっかけがつくりにくいので遠慮せず実行した方が良いと思います。

そのとき「お陰様で商品が売れました」と言ってはいけません。記者は特定の企業の宣伝をしたと言われたくないものです。えこひいきはご法度、公平公正中立が報道の大原則です。報道機関はあくまでも第三者機関なのです。「反響が大きく問い合わせが数多く来ています。さすが御紙は影響力が大きいですね。お陰様で多くのお客様のお困りごとお悩みごと解決に役立ち喜んでいただきました」というような言い方をおすすめします。

マスコミは企業の宣伝のためではなく社会に消費者に役立つ情報を届けるのが使命です。その役割を果たしていただいていることを伝えてください。もちろん本音では儲かって嬉しいわけですが、それをストレートに伝えると嫌がられます。

あなたの記事が世のため人のために役立っていると言われて嬉しくない記者はいません。ペンの力で世の中をよくするために記者になったわけですから、そこを感謝されて嬉しくないわけがありません。必ず感謝の気持ちを伝えてください。

②　記者は販促ツールではない

何度でも言います。くれぐれも誤解しないでください。記者はあなたの商品を宣伝してくれる便利な販促ツールではありません。世のため人のために報道の仕事を志した正義の味方です。かつ、生身の一人の人間です。ですから人対人としておつきあいしてください。信頼関係を築くようにしてください。

一見利害が反するように見えます。あなたは自社の商品を宣伝販促したい、記者は世の中のために有益な情報を報道したい。でも考えてみてください。あなたの商品が本当に世の中のためになる商品なら、記者は報道したくなるはずではないですか？　記者は世の中のためになる有益な情報を流したいわけですから。もしあなたの商品が取り上げてもらえないなら、それはそもそもあなたの商品が弱いからではないですか？　あまり世の中の役に立たないのではないですか？

残念ながらそんな商品は報道されません。もっと言うとそんな商品はそもそも売れません。報道されるような、世の中の役に立つ商品を作りましょう。そうすれば必ず売れるはずです。マスコミに取り上げられなかったのはむしろそこに気づくチャンスを与えてもらったと思って商品の改良改善・新商品の開発に役立ててください。

③ 信頼されるネタ元になれ

あなたが本当に世のため人のために商品を改善改良、新商品を開発していけば、必ずあなたの商品がマスコミに取り上げられる日が来ます。なぜなら記者はそういう情報を求めているからです。世の中の役に立つ商品の情報なら大歓迎だからです。でも信頼できる人からその情報を教えてほしいのです。世の中には情報を盛って盛って厚化粧して自社の商品を売り込もうとする人たちで溢れています。ですから信頼できるネタ元が欲しいのです。ぜひあなたがそのネタ元になってください。そのためには記者と「人対人」のおつきあいをして信頼関係を構築することが結局近道なのです。

④ 飲みニケーションだけで信頼は生まれない

別に記者と必ず飲食を共にしなさいと言っているわけではありません。私もそれほど記者と飲みに行ったことはありません。ただ、そのくらいの仲になることが大切なのです。交際費もかかりますが、できる範囲でおつきあいした方がいいでしょう（特に業界紙、地方紙の記者）。

記者と信頼関係を構築するのは、飲食だけではありません。世のため人のため役に立つ商品を伝えたいという想いです。そしてそのための記者の取材活動に対する最大限の協力です。自社商品はもちろん市場・業界・競合資料の準備、トップをはじめとする取材対象者のスケジュール確保、工場や事務所などの現地取材の段取りなど、やっておくべきこと・やれることはたくさんあります。

もちろん記者と飲食して仲良くなることはとてもいいことです。本音の話も聞けるようになります。ただ、できる記者ほど公私の区別をしています。あくまで本業である取材で記者の役に立たなければ本気で相手にはしてくれません。

⑤ マスコミ露出はコネでは決まらない

マスコミは社会の公器です。厳正であるべき第三者機関です。いくら記者と仲良くなっても、ニュース価値のないネタをムリヤリ取り上げてもらうことはできません。原則、現場の一記者にもデスクにも部長にも社長にも、ニュース価値のないネタを取り上げる権限はありません。そんなことをすれば公平公正中立を旨とするマスコミにとって自殺行為となるからです。

あくまで正々堂々世のため人のため役立つ商品をお伝えし、その取材の段取りを完璧にする、それを真摯に愚直に誠実に継続することによってしか信頼関係は生まれない、そう確信しています。

⑥ 「魂と魂のつかみあい」をしよう

精神論になってしまいますが、そうやって記者と取材を通じて「魂と魂のつかみあい」をする、それをやらなければ、いくら一緒に酒を飲んでメシを食ってもただそれだけのこと、お金のムダ使いで終わってしまう、私はそう思っています。もちろん誘われたら決して断らずおつきあいしてください。心の通じ合う、世のため人のため役に立つという志についてぜひ青臭く熱く語り合ってください。心の通じ合う、本物の同志になれることでしょう。本物の記者はきっとあなたのファンになってくれるはずです。これがあなたの広報担当者、いや人間としての財産になっていくのです。

2. マスコミをファンにする（具体策）

精神論はこれくらいにして、マスコミをファンにする具体策をお伝えしましょう。

① ニューズレターを送る

大企業なら月何本も出せるでしょうが、地方の中小企業でも最低月1回はプレスリリースを出してください。プレスリリースするほどのネタがないなら、小ネタを集めてニューズレターを作成し、記者に近況を報告してください。こまめに情報提供して、忙しい記者に忘れられないようにしてください。

人は初めのうち興味関心がなくても、何度か接触するうちに印象が強くなり、好感を抱くようになるという心理学の法則（ザイオンス効果＝単純接触効果ともいう）があります。これを胸に刻みましょう。

実際、「合食」時代、仲良くしていただいていた業界紙の記者にアドバイスされたことがあります。

「中島さん、競合のA社さんは毎週プレスリリース送ってきますよ。大したネタじゃないのでたまにしか取り上げることはありませんが、合食さんも春と秋の新製品のときだけではなく、最低月1回でもプレスリリースを出した方がいいですよ」

そういえば「合食」で初めて広報を担当することになり教えを乞うた神戸の一流有名企業の敏腕広報部長も「ウチは広報部全員に最低週1本いろんな角度から多彩なネタを見つけてきてプレスリリースを書くように指導していますよ」とおっしゃっていました。広報上手で有名な近畿大学も、年間500本近いプレスリリースを出し、そのうち半数近くがマスコミ露出を獲得しています。逆に言えばあの近大でも半分以上はボツなのです（世耕石弘「近代革命」）。

私は先程の業界紙記者のアドバイスに従い、早速毎月ニューズレターを出すことにしました。第一号で即業界紙の掲載が決まり、驚きました。記者も常にネタを求めていることを実感しました。自分の個人的な判断でこのネタは大したネタではないと勝手にボツにしてはいけない、記者から見ればニュース価値があるかもしれない、業界専門紙・誌であれば小ネタでも歓迎されるので、どう見てもニュース価値がないネタ以外は送った方がいい、と学びました。

② 定期キャラバンをする

地方の広報担当者は、いろいろなところで定期キャラバンができるくらいの人脈をつくり、必ず最低年2回くらいはマスコミが集中する東京へ出張し、日頃お世話になっている記者、編集者、ディレクターを訪問してください。

私の場合、神戸の「合食」時代、主に東京にしか編集部がない大手雑誌社、業界専門紙・誌を10社程度アポイントを取って、一泊二日で巡回していました。1日あたり5～6社分、大量の商品サンプルを両手に抱えて回るので、夕方にはへとへとになっていました。

マスコミの記者、編集者も人間です。地方からわざわざ大量の荷物を抱えて新商品情報を持ってくると言われれば、「とても熱意を感じるから、30分くらいなら会ってあげようか」ということになります。暑い日に汗だくになりながら、雨の日にずぶ濡れになりながらやってくるのを見たら、30分の予定が1時間になったりもします。帰り際には、エレベーターホールまで送ってくださって、「大変ですね」とねぎらってくれたりもします（O雑誌社のIさん、L

雑誌社のKさん、本当にありがとうございました）。最後は人と人とのおつきあいです。これを続けていると、こんなに熱心なら、いいネタを持ってきてくれたら、一度取り上げてあげよう、そう思ってもらえるようになっていきます。やはりリアルで会い、世の中の役に立つ商品を世に伝えたいという情熱を伝えることが大切です。コロナでリモート取材がメインになっていますが、できるかぎりリアルで会う機会を作りましょう。

③　異動のタイミングで親交を深める

毎年4月と10月など、会社によって違いますが、マスコミも人事異動があります。全国紙では1年半～3年くらいで担当替えになります。ようやく仲良くなったころに異動というのはがっかりもしますが、また新たな記者と出会えるチャンスでもあります。仲良くなった記者もいずれはまた偉くなって戻ってきたりします。人と人とのおつきあいですので異動になってもそれで関係が終わりになるわけではありません。引き続き良好な関係をキープしておきましょう。

異動の時期には知り合った記者に問合せし、異動される場合にはこれまでお世話になったお礼を伝えるとともに、後任の記者のお名前を教えていただきましょう。

異動は急な場合が多いので、こちらが気をつけておかないと、いつのまにか転勤されていたということが少なくありません。こちらから異動情報を取りに行き、メディアリストを更新しておきましょう。

この異動の時期はある意味チャンスでもあります。コロナで大々的にはできませんが、ごく少人数の歓送迎会で記者との絆を深めておきましょう。

④ 計画的に情報提供の機会をつくる（広報年間計画）

あなたの会社の年間予定・経営戦略・商品戦略・広告販促戦略に基づいて広報年間計画を立て、プレスリリースを送って記者との接点を計画的に増やすようにしましょう。

⑤ 情報交換会・他社情報提供を行う

広報担当者は随時親しくなった記者と情報交換し、自らの知る自社情報・業界情報・競合他社情報を提供してください。特に業界・専門紙（誌）の記者は業界情報・専門的な情報を求めていますので、積極的に情報交換に応じてくれると思います。こちらが自社情報を提供すれば、彼らも業界情報・競合情報を教えてくれます。あくまでプライベートなお友だちではないので、そこはギブ&テイクです。こちらも記者の興味を惹きそうな情報を持っていないと相手にしてくれません。そのためには常に自社の情報をつかんでおかないといけません。

〈著者が作成した「合食」年間広報計画主要項目〉

	企業広報	マーケティング広報
4月	入社式	
	組織改編・人事異動	
5月		
6月	株主総会・決算発表	
7月		
8月		
9月	中期経営計画発表	秋の新商品発売
10月	人事異動	産学連携発表
11月	上半期決算発表	
12月		
1月	社長年頭所感発表	
2月		全社商談展示会
3月	新年度戦略・計画発表	春の新商品発売

自社の社長はじめ経営トップ層と信頼関係を築き、社外秘の情報もいち早く流れてくるようにしておく必要があります。中小企業の場合、自分がトップかあるいはトップに非常に近い関係のはずですので、情報はつかみやすいと思います。注意すべきはどこまで記者に自社情報を話していいかという境界線です。基本オフレコは通用しないと思っておいてください。ふだんからトップ層とコミュニケーションを取り、言ってはいけない境界線をつかんでおき、言ってもよいギリギリのところでとどめておきましょう。また、そのような話をするときは、自社内か業界関係者が来ない場所を選んで行ってください。

業界紙・専門紙の記者は、その道のプロですので、業界全体の見識や表に出てこない競合他社情報などをたくさん把握しています。とても勉強になりますので、ぜひ積極的におつきあいしてください。

また、このようにふだんから良好な関係を築いておけば、あなたの会社が万一不祥事を起こしたときでも、あなたの話をよく聞いてくれます。誠心誠意正直に説明すれば、当社のことを理解してくださり、お客様や社会に正確な情報を伝えてくれるのです。

⑥ 記者の応援団になる

〝真摯に愚直に誠実に〟

これが広報担当者、いや人間としての私の行動指針です。私の知る広報担当者の皆さんは皆そんな方ばかりです。多くの記者に愛され、それぞれの会社で大活躍されています。いつも私はお手本にしています。

それでは、記者にあなたのファンになってもらうためにはどうすればよいか、具体的にお伝えしていきます。

❶（ネタ探し）
記者に歓迎されるようなネタを探す

❷（ネタ創り）
記者に歓迎されるようなネタを創る

❸（ネタ提供）
記者に歓迎されるネタをタイムリーに個別に提供する

❹（取材準備）
取材される前に、取材したい内容をヒアリングしておき、想定問答集を作成し、必要な取材対象者・取材対象場所・取材対象物・必要な資料や写真素材などを準備しておく

❺（想定問答集）
取材される前に、想定問答集をもとに、取材対象者と下打合せしておき、記者が効率的に取

材できるようにしておく

❻（**取材進行管理**）

取材時には必ず同席し、記者も取材対象者も話しやすい雰囲気になるよう場をあたため、取材がスムーズに進行するよう場を取り仕切る

❼（**取材内容確認**）

取材時に記録を取っておき、記者とあなたの認識が食い違わないように、重要事項についてはその場か当日中に確認を取る、必要な場合は議事録のポイントを送付し確認してもらう（万一、重大な事実を誤って報道された場合、あなたにもマスコミにもダメージが大きい）

❽（**取材後追加情報提供**）

取材時に情報提供できなかった事実・数値などは即社内確認を取り、できる限り迅速に、遅くとも24時間以内に何らかの回答をする（超多忙なマスコミ相手にはクイックレスポンスが第一、わからないときはわからないという回答を至急行う）

❾（**記者問い合わせ対応**）

記者から問い合わせがあったら、ただちに訊かれた以上の情報を入手し提供する

❿（**記者のデータベース化**）

記者のデータベースになる、自社だけではなく業界のデータベースになる

⓫（要望への全面的協力）

マスコミの現場での無茶な要望（テレビのバラエティ系の番組ディレクターがその場で言ってくるケースなど）にできるかぎり対応する、全面的に尽くしに尽くす（もちろん、あなたが譲れない一線だけは守り抜く、できないことは決してできると言ってはいけない）

⓬（スケジュールへの全面的協力）

無茶なスケジュールにもできるかぎり対応する。今日取材したい、今日撮影したいという無理な要求にも、社内中を緊急に説得しできるかぎり対応する。ディレクターも無理は承知の上で言ってきている。そのときただの一言も文句を言わず対応し切ったとき、ディレクターはあなたをどう思うか？　とても感謝してくれるはず。これでまた1社あなたを応援してくれるマスコミが増える。私は「合食」時代、自社の社員にディレクターの無理な注文に対応してもらい、当初競合に声がかかったAテレビ局の取材を獲得した。出演タレントにその対応を気に入っていただき、後日再度取材に来ていただけるというおまけまでついてきた。

⓭（24時間365日対応の覚悟）

深夜だろうが早朝だろうが休日だろうが連絡がくれば即対応する。記者も社会的常識をわきまえているので、本当に緊急の場合以外は連絡してくることはない。それでも連絡してくるということはよほどのことだ。記者は常に〆切を意識して動いている。時には体を張って夜討ち朝駆け休日返上で仕事をすることもある。そのとき、取材していただく側のあなたが「夜8時以降は電話には出ません、休日は完全オフなので連絡はつきません」と言ったらどうなる？「広報担当者としてやる気あるの？」と思われてしまうことは間違いない。

応援してほしければ、まずこちらから先に応援する

徹底的にとことん応援する、一人ひとりの記者を応援する。

当たり前のことですよね？

自分だけ応援してもらおうと思ってもそうはいきません。そんなことをしていると、いずれ誰からも相手にされなくなります。そしてマスコミに取り上げられることもなくなります。

3 お客様をファンにする

1．お客様をつかまえる・ホームページで待ち伏せ

マスコミに取り上げられたら当然あなたの会社のホームページへのアクセスは増加します。せっかく来てくださったお客様をちゃんとつかまえる準備はできていますか？

〝顧客獲得型〟ホームページを作ろう

ホームページには2種類あります。〝自己紹介型〟と〝顧客獲得型〟です。

〝自己紹介型〟とは、事業紹介・商品・サービス紹介・会社概要など、カタログをそのままホームページに移行させたような内容です。お客様をつかまえるためのフックがありません。BtoBのものづくり中小企業に多いパターンです。これでは、お客様をつかまえることは困難です。1分もしないうちに離脱してしまうおそれがあります。

〝顧客獲得型〟とは、通信販売会社のホームページあるいはランディングページ（縦長の1ページものの簡易なホームページ）で多用されているパターンです。お客様をつかまえるため

に、お客様の興味関心を惹き付け、お得な情報や特典を提示し、メールやＬＩＮＥ公式アカウントに申し込んでもらう仕掛けをしています。

メルマガやＬＩＮＥのメッセージでセールなどのお得な情報を継続的に送り、トライアル購入を喚起し、リピート購入に誘導します。これならお客様はホームページに滞留してくれ、すぐに離脱してしまうことはありません。あなたのロイヤルカスタマー育成につながっていきます。

ぜひこの〝顧客獲得型〟ホームページを実装しておいてください。ほとんどの会社はすぐにホームページを変更することは難しいでしょうから、より簡単に作成できるランディングページを準備すればよいでしょう。〝ペライチ〟という無料で使えるランディングページ制作サービスがあります（https://peraichi.com/）。このスタートプランなら無料で使えます。

ランディングページの代表的な構成例は以下の通りです。

ランディングページの代表的構成例

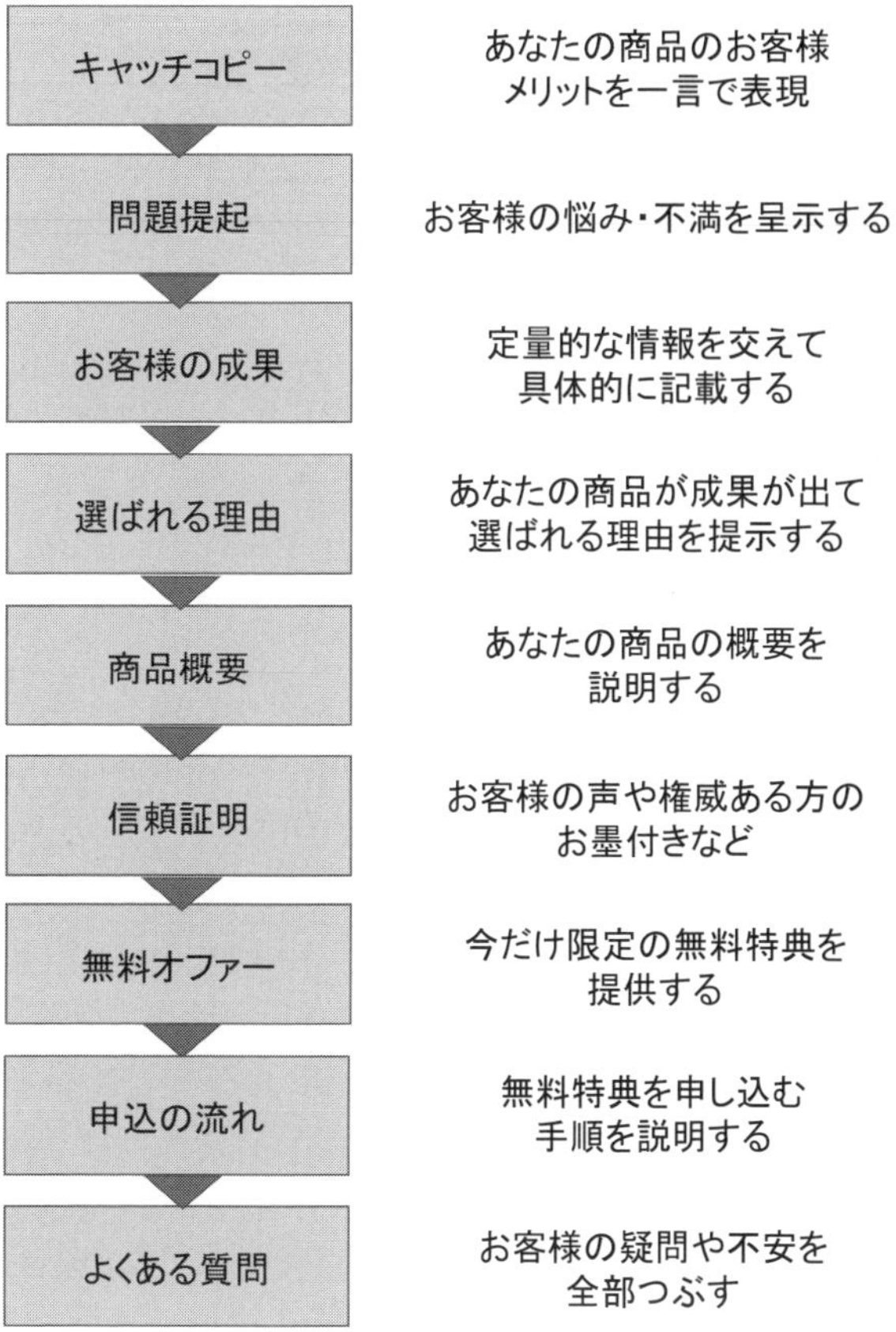
キャッチコピー
あなたの商品のお客様
メリットを一言で表現
問題提起
お客様の悩み・不満を呈示する
お客様の成果
定量的な情報を交えて
具体的に記載する
選ばれる理由
あなたの商品が成果が出て
選ばれる理由を提示する
商品概要
あなたの商品の概要を
説明する
信頼証明
お客様の声や権威ある方の
お墨付きなど
無料オファー
今だけ限定の無料特典を
提供する
申込の流れ
無料特典を申し込む
手順を説明する
よくある質問
お客様の疑問や不安を
全部つぶす

2. お客様をファンにする

※この項目は、コミュニケーション・ディレクターの佐藤尚之氏のベストセラー『ファンベース』を参考にしました。

お客様にあなたのファンになってもらいましょう。あなたの魅力を存分に発揮して、お客様をあなたの虜にしてしまうのです。

メールマガジンやLINE公式アカウントを活用し、メルマガ・LINE会員限定で、お客様が喜ぶ情報や特典を惜しみなく送り続けましょう。『こんな情報・こんな特典までもらってもいいの?』とお客様が驚くくらいの大盤振る舞いをするのがポイントです。

最初は直接的な特典にします。

① プレゼントキャンペーン

無料プレゼント、割引価格、モニター募集、など実利的なメリットで惹き付けましょう。あなたの商品の良さを十分体感し、お客様があなたのファンになったころから、徐々にお客様参加型にシフトしていきます。

② 参加型キャンペーン

商品満足度アンケート、商品にまつわるクイズやゲーム、商品に関連したコンテストなど、商品へのエンゲージメント（関与度）が高まるような仕掛けをしていきましょう。エンゲージメントが高まってきたら、さらに高めるような情報を提供します。

③ 商品情報の提供

商品をフル活用する㊙テクニック、一粒で何度もおいしい意外な商品活用法、商品づくりを陰で支える熟練の匠の技、七転び八起きの商品開発苦労話、『通』と言われるための商品トリビア知識など、ファンになってくれたお客様が喜んでくれるような情報を提供します。

最終的にはお客様対企業というおつきあいではなく、一緒に商品を通じてより良い世界をつくっていくパートナーになっていただくことを目指しましょう。

④ お客様との共創機会の提供

商品改良・商品開発の意見募集、座談会や商品開発会議への参加募集、ファンミーティングへの招待などを通じ、お客様を魅了し、あなたと一体化させ、あなたのことを自分の大切な一部分だと思ってもらいましょう。

ＳＮＯＷＰＥＡＫというアウトドアブランドはそんな熱狂的ファンが世界中に10万人以上います。あなたもぜひそんな熱狂的なファンづくりを目指してください。

4 SNSでお客様をファンにする

1．SNSを活用したファンづくり

さて、これまでマスコミ露出からのアクセスをランディングページで受け、メルマガやＬＩＮＥ公式アカウント登録に誘導し、お客様が喜ぶ特典・情報提供・共創機会の提供を通じてお客様にファンになっていただく仕組みをご説明してきました。

ここで、同時にやっていただきたい、ＳＮＳ戦略についてもお伝えします。いずれもお金をかけずに実施できます。

まず、現時点（2021年9月）でのＳＮＳの利用実態をご紹介しましょう。

以上のことから、おすすめするＳＮＳメディア戦略は次の図のようになります。

※ＳＮＳ全体については、株式会社ＪＩＲＩＴＡ工藤剛氏のセミナーを参考にさせていただきました。

	LINE	YouTube	Twitter	Instagram	Facebook
月間アクティブユーザー数※	8,900万人	6,500万人	4,500万人	3,300万人	2,600万人
利用年代層	幅広い	幅広い	20～40代	20～40代	40～50代
PUSH型or PULL型	PUSH型	PULL型	PULL型	PULL型	PULL型
到達率	100%	約17%	約17%	約17%	約17%
拡散力（不特定多数）	弱い	ある	強力	ある	弱い
開封率	約60% メルマガは約20%	―	―	―	―
特性	今すぐ特定層に確実に届けることができる				

※株式会社ガイアックス（http://gaiax.co.jp）2021年９月

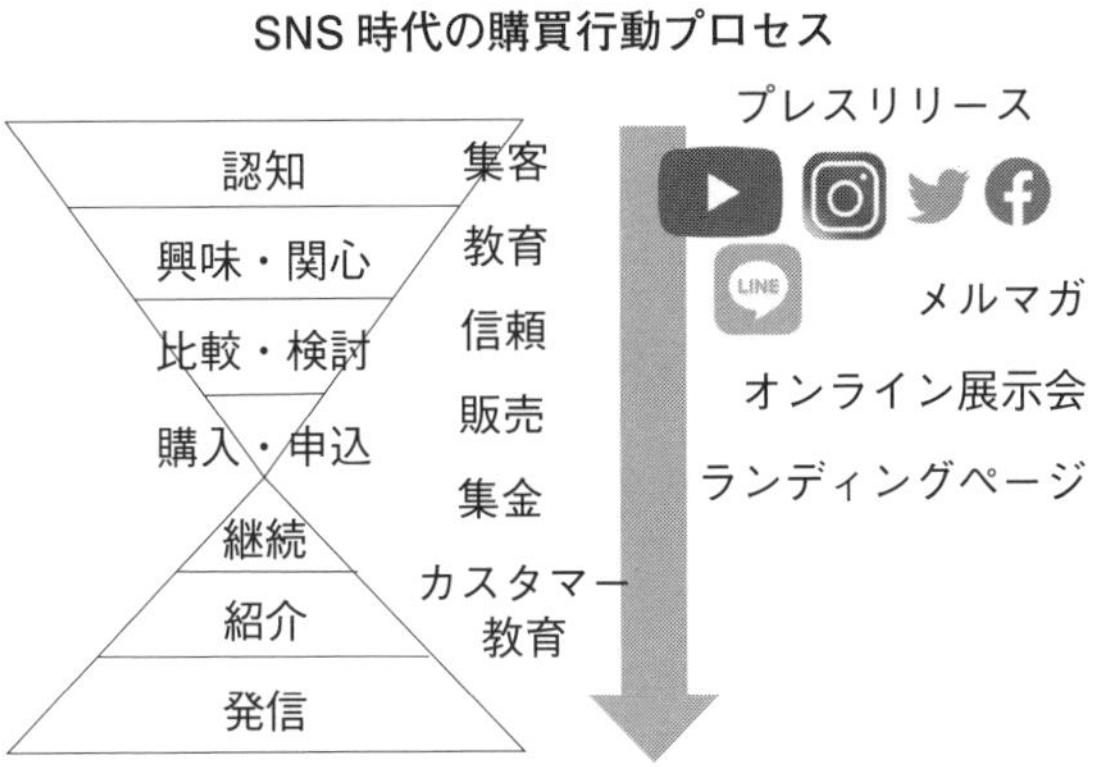

SNSメディア戦略

①YouTube	幅広い層へ無料特典を告知
②LINE公式アカウント	無料特典でお友達登録へ誘導
③LINE公式アカウント	無料特典、情報提供、 共創機会の提供
④Instagram/Facebook	若者にはInstagram 中高年にはFacebookを併用
⑤プレスリリース	SNSで話題化した商品を プレスリリース
⑥プレスリリース＆SNS	マスコミに出たことを SNSを通じて拡散
⑦オンライン展示会/ セミナー、クラファン	オンライン展示会やセミナー、 クラウドファンディング（クラファン）などを実施
⑧⑦をSNSで上記告知	⑦の告知をSNSで拡散
⑨⑦プレスリリース	⑦の告知をプレスリリース
⑩⑦の申込者を クロージング	⑦の申込者をフォローして クロージング

※SNSメディア戦略のためにお勧めする書籍・セミナー
菅谷信一『ビジネスYOUTUBE入門』『LINE公式アカウント5G時代の神営業術』
堤建拓『世界一わかりやすいLINE公式アカウントマスター養成講座』
清永健一『中小企業のDX営業マニュアル』
東橋達矢『セミナー開催の教科書』
小西光治『クラウドファンディング活用術』

2. SNSの「3つのW」

そして実施すべきSNSクリエイティブ戦略の原則は、マスコミ露出を獲得するときと同じ「3つのW」です。

(1) 歓迎してくれる人に（WHO）

2020年7月の「SNSを利用する理由」の調査結果（グラフ参照）によると、人がSNSに求めるものは、商品やサービスの情報ではありません。

だとすればどうすればよいでしょうか？　その答えは、まずあなたの商品・サービスの情報を歓迎してくれそうな（少なくとも嫌がらない）お客様を明確化・言語化しておき、そのお客様をイメージして情報発信することです。そうすれば、少なくとも見てもらえる確率が高まります。

第一章でも言及した、『ペルソナ』を明確化しておく、ということです。性・年齢・住所・家族構成・住宅形態・年収・趣味嗜好・価値観・性格・ライフスタイル・休日の過ごし方など、できる限り緻密に言語化してください。

そして、そのお客様の生活文脈の中に自然にあなたの商品・サービスを溶け込ませることです。決して売り込んではいけません。宣伝だと思うとお客様はすぐに離脱してしまうからです。

ペルソナを緻密に明確化・言語化しておけば、この後ご説明する(2)歓迎されるネタを創り、(3)歓迎されるときに情報発信することは、かなり容易になります。

(2) 歓迎されるネタを（WHAT）

あなたならではの情報でなくてはいけません。誰にでもできる情報発信なら、あなたに注目してもらえません。あなたの商品・サービスがお客様に喜ばれている理由は何ですか？　あなたが競合他社と違う点は何ですか？　勝っている点はどこですか？　あなたのポリシー、こだわりは何ですか？　あなたが提供している世界観はどんなものですか？

それを、ペルソナの関心事、彼らにとっての旬の話題に関連させて情報発信してください。

今彼らが聞いている音楽は「ＹＯＡＳＯＢＩ」なのか、「Ａｄｏ」なのか？　今の推しコンビニスイーツは？　推しファッションは？　迎合する必要はありませんが、彼らの気持ちに寄り添う情報を提供してください。

独りよがりの一方的な商品・サービス情報ではスルーされてしまいます。友だちに話しかけるように情報発信する、それが秘訣です。

(3)　歓迎されるときに（ＷＨＥＮ）

ペルソナが明確になれば生活行動も想像でき、情報発信するタイミングも見えてきます。学生がターゲットなら情報発信は夕方がいいでしょう。学校から帰ってきてほっと一息ついたタイミングなら情報発信も受け入れてもらえやすいです。何曜日にどんなメッセージを送れば歓迎されるのか、想像がつくはずです。

こうして「３つのＷ」を徹底すれば、あなたのフォロワーは増えるでしょうし、あなたのエンゲージメント（「いいね」やコメントの数）も間違いなく向上します。これがあなたの財産になるのです。

とりあえずいつどこへ去っていくかもしれない浮気なフォロワーをあわてて追う必要はありません。あなたに「いいね」と言ってくれ、あなたにコメントを欠かさない、あなたの本当のファンは、「3つのW」によって確実に増えていきます。

歓迎してくれる相手に、歓迎される情報を、歓迎されるタイミングで届けているのですから当然です。万一増えていないとしたら、何かが、どこかが間違っています。PDCAを回して解決してください。必ずあなたのファンは増えていくはずです。

これがSNS必勝戦略です。

5 マスコミに取り上げられる必勝方程式

何度でもマスコミに取り上げられ、売れ続ける方法、それは、マスコミをあなたのファンにし、お客様をあなたのファンにすることです。


そうすれば、マスコミに応援してもらい、お客様に応援してもらうことができます。

そのためには、まずこちらから応援することです。こちらからマスコミを応援し、こちらからお客様を応援することです。

具体的には、お客様の役に立つ商品・サービスを開発し、提供し、そしてその商品・サービスがどのようにお客様の役に立つのか、その情報をマスコミに伝えることです。それが、お客様の役に立つ情報を求めているマスコミを応援することになります。

一方、あなたは、マスコミはじめさまざまな手段により、お客様の役に立つ商品・サービスの情報を伝達します。お客様はその商品・サービスを購入し、自分の生活の問題を解決し、より快適な生活を手に入れます。すなわち、あなたは商品・サービスを提供することによって、お客様を応援しているのです。

『応援する者が応援される』これが世の中の真理です。

自分は何もせずに自分だけ応援されることはありえません。いっときそんなことがあったとしても決して長続きしません。

まず自分から動くのです。

ところが、世の中の大多数の企業が、世の中の役に立つ商品・サービスを開発し、提供し、そこまではやるのですが、そこからをやらないのです。せっかくそこまでやっておいて「徹底的に周知」はしないのです。

「世の中に知られなければどんなに良い商品・サービスもないのと同じ」です。

「広告宣伝費がないからできない」

もちろんそうでしょう。だからこそ、お金のかからないプレスリリースをおすすめしてきました。お金のかからないＬＩＮＥ公式アカウント、ＹＯＵＴＵＢＥ、（若い人がお客様なら）ＩＮＳＴＡＧＲＡＭもおすすめしてきました。

やっていますか？

私が言っているのは「徹底的にやっていますか？」ということです。

世の中の企業や個人が毎日大量に情報発信しています。徹底的にやらなければ埋もれてしまいます。

必勝方程式⑦　もとネタ×ネタの魅せ方×情報発信量（人数×頻度）

※この方程式については、鮒谷周史氏のビジネスメルマガ「平成進化論」５９９７号を参考にして作成しました。

ほとんどの人は、この情報発信量が足りません。

１回だけプレスリリースして「やっぱり出なかった」といってすぐに諦めてしまいます。取り上げられないはずです。

ターゲット（ペルソナ）を追究し、ターゲットにマッチするメディア・記者を探し出し、彼らが思わず取材したくなる魅力的な魅せ方を探究し、何度も手を変え品を変えプレスリリースを送っていますか？

それをやり続けることが、マスコミとお客様を応援することになります。マスコミが欲しがる情報、お客様が欲しがる商品・サービスを届けることになるからです。だから、それを徹底的にやり続ければ必ず取り上げられます。それをやり続けるのはあなたの義務です。責任です。使命です。

企業がやるべきことは、世の中に役に立つ商品・サービスを開発し、提供することだけではありません。その上にその商品・サービスを欲しがるお客様に届けるところまでやって初めて企業の使命が全うされるのです

あなたは、あなたの義務として、責任として、使命として、あなたの商品・サービスをマスコミに届け、お客様に届け、やるべきことを最後まで全うしてください。そうすれば、あなたはマスコミとお客様に応援されるようになります。マスコミとお客様はあなたのファンになります。あなたはマスコミの常連となり、あなたの商品・サービスは売れ続けるようになります。

そして、あなたは『ブランド』になるのです。

おわりに

輝かしい経歴を持つ広報の先人たちが既にそのノウハウを凝縮した本を出版されています。その方々に比べたら私はまだ駆け出しです。ただ、私は誰にも負けない意気込みでその方々の本を読み、セミナーを聞き、そこで学んだことをすべて、自分なりに咀嚼し実践し、失敗を繰り返しながら、マスコミに取り上げられるようになってきました。

そんな私だからこそ、お伝えできることがあるのではないか？　コロナで新規開拓ができなくてお困りの多くの中小企業や個人事業主の方々のお役に立てるのではないか？　皆さんが最短距離でマスコミに取り上げられるようにお手伝いができるのではないか？　そんな想いで誠心誠意、懸命に綴ってきました。

自分の苦心惨憺した経験から生み出した独断に基づく私なりの『必勝方程式』ではありますが、本書に従って実行していただければ、きっと成果に結びつくと確信しています。ぜひ存分にご活用ください。

ここに至るまでには数え切れない方々にお世話になってきました。

まず最初に感謝申し上げたいのは、山見インテグレーター（株）代表取締役社長・山見博康先生です。私が初めて広報担当になったとき、書店で見つけた『小さな会社の広報・ＰＲの仕事ができる本』だけが頼りでした。今見返すと、青ボールペンで全ページに渡って下線が引かれており、悪戦苦闘していたことが懐かしく思い出されます。私はこの本の『広報には情熱費が不可欠』との教えに感動し、プレスリリースの基本である『６Ｗ５Ｈ』はじめ広報の基礎から広報マンとしての在り方まですべてを学び、広報マンとしての原点を構築することができました。本書の出版に際しても様々なアドバイスに加え序文や講演等もご快諾いただきました。どんなに感謝しても感謝し切れません。

次に、(株)合食　代表取締役社長・砂川雄一様です。私が54歳で転職したときマーケティング全般の担当として私を採用してくださいました。私はここで初めて「広報」に出会い、初めてマスコミに取り上げてもらう喜びを知り、広報を生涯の天職と思い定めることができました。その砂川社長をご紹介いただき、その後も引き続き支援してくださっている㈱ルリコプランニング代表の星加ルリコ様にも厚く御礼申し上げます。

そして、私が確たる広報マンとして自分なりに飛躍・成長できたのは、日の出医療福祉グループの武中朋彦経営企画部長が広報業務を任せてくださり、多数のマスコミ露出を獲得する貴重な機会を与えていただいたおかげです。

(株)メディア戦略　代表取締役　広報戦略コンサルタントの坂本宗之祐先生には、ご著書『手紙を書いてマスコミにPRする方法』とセミナーでの直接のご指導により、独自の手法『お手紙プレスリリース』を伝授していただきました。最近、先生の手法を指導してマスコミ露出を獲得したお客様が続出しています。私も嬉しい限りです。
まだまだ感謝したい方が大勢いらっしゃいます。

【広報関係】

・㈱リフェイス　代表取締役・中村佳織様
独立後不安で一杯の私に「新聞社に自ら飛び込み誠意を尽くしてやった人は少ない、それが強みだ」と激励

・吉川公二様
『合食』で広報担当になったとき、当時ご在籍の広報部の仕事を詳しくご紹介

・㈲食品市場新聞社　代表取締役社長・倉持正人様
メディアとの付き合い方のイロハをご教示

・㈱日本食糧新聞社　常勤顧問・福島厚子様
食品業界の貴重な情報をご教授

・広報勉強会@イフラボ主宰・アストリア㈱　執行役員・長沼史宏様

広報に関する最先端のノウハウを伝授

・（株）ニューホンコン代表取締役社長・岡田光司様

著書『小さな会社マスコミデビューの法則』の貴重な最後の一冊をご譲渡

・りそな総合研究所（株）リーナルビジネス部長・藤原明様

「ドラマを引き出す5つの質問」の生みの親

【広報仲間】

（株）ナガサワ文具センター・竹内直行様、六甲バター（株）・黒田浄治様、白鶴酒造（株）・西田正裕様、ＭＣＣ食品（株）・横山紀幸様、パナソニック（株）・津崎裕二様、ライソン（株）・三上紅美子様、フリーランス広報　ポワンジョリ・鈴木美和様、フリーランス広報　岸本暢子様、細見基志様、服部貴美子様

【出版関係】

・出版実現の生みの親＝笹原隆生様

・出版実現の育ての親＝（株）レジェンド・プロジェクト代表・東橋達矢様、メンタルチャージＩＳＣ研究所代表・岡本文宏様・商い未来研究所代表・笹井清範様

【著書関係】

色えんぴつアーティスト・宝珍幸子様、ワールドダンサー・森昭子様、居酒屋鮮道「こんび」・

池田真心（こころ）様、『関節10秒リセット』著者・理学療法士・羽原和則様、ユニークなニットカンパニー澤田(株) 代表取締役社長・澤田誠様／取締役部長・松室憲様、(株)展示会営業マーケティング 代表取締役社長・清永健一様、クラウドファンディングプロデューサー・小西光治様、日本最大級のビジネスメルマガ「平成進化論」著者・鮒谷周史様、「プロライター道場」主宰者で理系ライター集団「チーム・パスカル」の大越裕様、(株)合食 広報・田代吉美様、(株)ＪＩＲＩＴＡ 代表取締役・工藤剛様

【私の同志】

(株)マーチ 代表取締役社長・伊賀真理様、(株)自然総研 業務第一部長・大橋憲吾様、いしい特許事務所・藤井尊久様、『声のＨＩＫＡＲＩナビゲーター』相葉恭子様はじめ『商工会議所に呼ばれる講師になるセミナー』同期の皆様、志師塾塾長の五十嵐和也様、志師塾の窪田司様・羽谷朋晃様・大西宏征様・尾谷昌彦様・知念くにこ様・鍵原吉浩様・井上由美子様（クラウドファンディングサポーターの皆様）

【クラウドファンディング・個人スポンサーの皆様（五十音順）】

相葉恭子様、生山久展様、生駒俊介様、稲生宗久（いのう むねひさ）様、井上純子様、ウェバー宇野沢由香理様、(株)プロジェクト 植松衛様、大室州様、大薮範子様、沖田正博様、小野寺信子様、鍵原吉浩様、勝村史昭様、(有)江坂広告 加藤肇様、金公認会計士事務所 金志煥様、小泉美智子様、(一社)シニアライフサポート協会 代表理事 小番一弘様、小西宏明様、小堀智恵様、(株)オールオブディー 代表取締役 財前司、(株)新見ソーラーカンパニー 代表取締役社長 佐久本秀行様、(株)猫舌堂 柴田敦巨様、嶋孝浩様、下園大地様、須藤修三様、(株)合食 代表取締役社長 砂川雄一様、世古誠様、高野暢子様、(株)サニーフロンティア 高山美枝様、武田みはる様、田中秀拓税理士事務所 田中駿悟様、津田一樹様、「WORD-CREATE」主宰・コピーライター トイバナヒロコ様、中井秀範様、元気の実 中山晴心（なかやま はるみ）様、なっつん様、中田悠太様、西田正裕様、西元有紀様、深谷由紀貞様、八嶋実様、矢部正道様、山岡美音子様、holistic medical & healing salon ルーナファーム 山口英美様、山口則彦様、山崎美穂様

【クラウドファンディング・企業スポンサーの皆様（五十音順）】

・(株)大西商事・アセットサービス 代表取締役 大西宏征様

「御社の資金、中にも外にも眠っています！」・売上はあるのに何故かお金が残っていない・資金難で時代に即した対応ができない・スタッフの待遇を良くしたいが原資がない 大丈夫です！「支出、業務、人材」など社内と「融資、公的資金、還付・返還」など社外、360°の改善策で資金を発掘します！

・(株)オーギュストケクレ 代表取締役 小野史恵様

・コォ・マネジメント（株） 代表取締役　窪田司様
・合同会社ＭＡＭ＆ｄ．代表社員　吉田多鶴子様
・ジョイスリー（株） 代表取締役　武中朋彦様
・ＷＩＮ・ＴＥＣ（株） 代表取締役　濵本洋一様
・（株）ヤサカ電気　代表取締役社長　今井浩幸様
・SINCE 1964 GOOD TO YOU 現金卸げおん
・（株）CRYST　代表取締役　八嶋実様
・山見インテグレーター（株） 代表取締役　山見博康様

【特別協力】

・(株)合食様

1948年設立、「食が人をつなぎ、人が食をつなぐ」を経営理念として、「水産事業」「食品事業」「物流事業」の3つの事業分野を展開。世界中をマーケットに、食品流通の川上から川下までを幅広くカバーする食の総合企業として活動しています。資本金9020万円、代表取締役社長 砂川雄一（すながわ ゆういち）国内営業拠点9か所、海外営業拠点6か所、研究開発拠点1か所、製造拠点3か所、物流拠点3か所

・(一社)日の出医療福祉グループ様

2016年設立、〝お客様のよろこび〟〝社員のよろこび〟〝地域のよろこび〟の『三方良し』を理念として、兵庫県南部から埼玉県、神奈川県へとエリアを拡大し、介護・医療・保育・障害者福祉事業を展開、祖業である調味料事業も有機的に結びつけ、かつて日本に存在しなかった画期的なグループを目指しています。代表理事 大西壯司（おおにし たけし）事業所数162カ所、従業員数約3200人、売上高145億円（2021年度）

本書の編集者で私の本に着目してくださり、右も左もわからない私をここまで導いてくださった（株）同友館 出版部次長・佐藤文彦様、本づくりのイロハもわからない私に、親身になって客観的な視点、自分の気付かない角度からのご指導をいただきありがとうございました。

私事で恐縮ですが、いつも私を支えてくれる妻の奈緒美、応援してくれる娘の明日華（あすか）・碧（みどり）、本当にありがとう。心より感謝しています。

巻末の『参考文献』に記載した広報ＰＲの書籍やセミナーすべてが勉強になりました。著者・講師の皆様方には心から感謝しています。

【お読みいただいた読者への6大特典】

特典1

広報界の第一人者・山見博康氏の特別講演（オンライン）

「広報・PRの基本とプレスリリースの本質とは？」

広報教科書の定番・ロングセラー「新版 広報・PRの基本」（日本実業出版社）や「すぐよくわかる絵解き広報」（同友館）の著者である山見氏のオンライン講演

特典2

本書の著者・中島史朗の fmGIG ラジオ番組

（https://www.fm-gig.net/、毎週火曜22時～）音源

「広告費ゼロでマスコミに出よう！」～私はこうしてマスコミに出た～

著者の指導で実際に毎日新聞、ヤフーニュース、読売テレビに取り上げられた、大阪・天王寺の「居酒屋鮮道こんぴ」の女将さんがマスコミ露出のコツを語る

特典3

本書の著者・中島史朗によるセミナー（オンライン）

「出版に間に合わなかった、マスコミに出る『奥義』」

本書の原稿完成後、支援先にマスコミ取材依頼が相次ぎ、あらためてマスコミ露出の「奥義」を体感。具体的な成功事例を通じて、そのすべてを語る

特典4

展示会営業Ⓡの第一人者・清永健一氏のセミナー

「オンライン展示会営業セミナー」（オンライン）

コロナ禍における接触自粛でも新規顧客を獲得し売上を増加させ続ける、日本唯一の展示会営業コンサルタント・清永健一氏のセミナー

特典5

セミナープロデュースのプロ・東橋達矢氏の

「ゼロから挑戦できるオンラインセミナー開催術」（オンライン）

開催実績1300件以上のセミナープロデュースのプロ・東橋達矢氏が著書「セミナー開催の教科書」で披露しているセミナー成功のノウハウを惜しげもなく伝授

特典6

クラウドファンディングの支援実績トップクラス
「スバキリ一味」団長・小西光治氏の

「クラウドファンディング活用術セミナー」（オンライン）

２００件以上の支援実績を誇るクラウドファンディングのプロフェッショナル「スバキリ一味」団長・小西光治氏が伝授する〝クラウドファンディングのツボ〟

以上の読者様限定・６大無料特典は、次のＵＲＬまたはＱＲコードからお申し込みください。

https://resast.jp/inquiry/67998

２０２１年10月　神戸の自宅兼オフィスにて
『四方よし』の商品・サービス出世ＰＲプロデューサー
中島史朗

【参考文献】

朝日新聞社『朝日新聞の用語の手引き　改訂新版』朝日新聞出版

五十嵐寛『広報担当の仕事』東洋経済新報社

池田純『空気のつくり方』幻冬舎

伊澤佑美・根本陽平『ＰＲ思考』翔泳社

石田章洋『タダでテレビに取り上げられる方法』日本実業出版社

上岡正明『共感ＰＲ』朝日新聞出版

上岡正明『即戦力を創る広報ＰＲの教科書』すばる舎

上村嗣美『サイバーエージェント広報の仕事術』日本実業出版社

大内優『「テレビ活用」7つの成功ルール』同文舘出版

大久保直和『テレ東のつくり方』日本経済新聞出版社

大林健太郎『言ったもの勝ち「勝手に」演出術』秀和システム

岡田光司『小さな会社マスコミデビューの法則』竹林館

奥村倫弘『ヤフートピックスの作り方』光文社

喜多あおい『プロフェッショナルの情報術』祥伝社

共同通信社『記者ハンドブック　新聞用字用語集　第13版』共同通信社

くどーみやこ『商品ＰＲのやり方が面白いほどわかる本』中経出版

栗田朋一『新しい広報の教科書』朝日新聞出版

栗田朋一『広報のお悩み相談室』朝日新聞出版

小浮正典『広報・ＰＲ実務の基本』あさ出版

小西みさを『アマゾンで学んだ伝え方はストーリーが9割』宝島社
坂本宗之祐『手紙を書いてマスコミにPRする方法』自由国民社
坂本宗之祐『取材される可能性を99％に高めるセミナー（セミナー）』メディア戦略
佐桑徹『広報部』日本能率協会マネジメントセンター
笹木郁乃『0円PR』日経BP
佐藤尚之『ファンベース』筑摩書房
サニーサイドアップ『サニーサイドアップ手取り足取りPR』クロスメディアパブリッシング
下矢一良『小さな会社のPR戦略』同文舘出版
新谷学『週刊文春編集長の仕事術』ダイヤモンド社
菅野夕霧『ヤフートピックスを狙え』新潮社
世耕石弘『近大革命』産経新聞出版
妹尾浩二『広報PRパブリシティ戦略』合同フォレスト
玉木剛『全部無料でもっと宣伝してもらう対マスコミPR術』翔泳社
殿村美樹『テレビが飛びつくPR』ダイヤモンド社
宣伝会議『マスコミ電話帳』宣伝会議
日本パブリックリレーションズ協会『広報・マスコミハンドブックPR手帳　2021年版』アーク・コミュニケーションズ出版部
野口雄史『「兆し」をとらえる』KADOKAWA
野澤直人『小さな会社　逆襲の広報PR術』すばる舎
野呂エイシロウ『テレビで売り上げを100倍にする私の方法』講談社
蓮香尚文『プレスリリースのつくり方・使い方』日本実業出版社

参考文献

福満ヒロユキ『メディアを動かすプレスリリースはこうつくる！』同文館出版
藤田康人『99・9％成功するしかけ』かんき出版
本田哲也『最新戦略ＰＲ入門編』ＫＡＤＯＫＡＷＡ
本田哲也『最新戦略ＰＲ実践編』ＫＡＤＯＫＡＷＡ
松林薫『迷わず書ける記者式文章術』慶應義塾大学出版会
松林薫『新聞の正しい読み方』ＮＴＴ出版
松林薫『メディアを動かす広報術』宣伝会議
村上龍『カンブリア宮殿　村上龍の質問術』日本経済新聞出版社
望月衣塑子『新聞記者』角川新書
山口一臣『こうすればメディアに取り上げられる！（セミナー）』テックベンチャー総研
山崎祥之『さわぎのおこしかた』東方出版
山見博康『新版　広報・ＰＲの基本』日本実業出版社
山見博康『小さな会社の広報・ＰＲの仕事ができる本』日本実業出版社
山見博康『すぐよくわかる絵解き広報』同友館
山見博康『ＰＲネタの作り方』日本能率協会マネジメントセンター
山見博康『広報・ＰＲ実務ハンドブック』日本能率協会マネジメントセンター
山見博康『ニュースリリース大全集』日本能率協会マネジメントセンター
山見博康『企業不祥事・危機対応広報完全マニュアル』自由国民社
山見博康『広報の達人になる法』ダイヤモンド社
山見博康『会社をマスコミに売り込む法』ダイヤモンド社
山見博康『山見式ＰＲ法』翔泳社

吉池理『テレビであなたの会社をＰＲするとっておきの方法』日本能率協会マネジメントセンター
吉池理『ウエブＰＲハンドブック』日本能率協会マネジメントセンター

【著者紹介】

中島史朗（なかしま しろう）

中小企業・個人事業主の埋もれた良い商品サービスを世に出し、「世間善し・買い手良し・メディア好し・売り手佳し」の「四方よし」を実現する、商品出世PRプロデューサー。中島PR代表。広報界の大御所・山見博康氏が代表取締役を務める山見インテグレーター株式会社 神戸支社長。神戸・尼崎・箕面商工会議所登録専門家。中小企業診断士。

1959年兵庫県相生市生まれ。1977年姫路市の私立淳心学院高等学校卒業。1981年京都大学法学部卒業。同年広告代理店「アサツーディ・ケイ」に入社、関西支社マーケティング局長などを歴任し、飲料新商品売上前年比900%などに貢献。2013年食品会社「合食」へ転職。マーケティング室を立上げ、5年間でテレビ・新聞・雑誌などマスコミ露出81件を獲得、担当商品売上前年比440%に貢献。2018年から介護事業者「日の出医療福祉グループ」の広報を担当、3年間でNHKテレビ・新聞・雑誌・ヤフーニュースなどマスコミ露出74件を実現。自らの経験をもとに多くの中小企業の広報PR活動を支援。「確かな経験と実績に基づく体系的ノウハウ」「作って終わりではなく、一緒に寄り添うカタチの戦略的メディアアプローチとその後のアフターフォロー」「親身になって話を聞き自分事のようにサポートする誠実な人柄」に高い評価。

大阪府立中之島図書館、大阪市立中央図書館、京都芸術大学、尼崎商工会議所、大阪府工業協会などセミナー多数。「実践的で役に立った」「事例が豊富でわかりやすかった」と好評。自身も大阪日日新聞、FM千里、fm GIGなどメディアに露出。2021年10月、インターネットFM・fm GIG Cチャンネル（https://www.fm-gig.net/）で、プレスリリースを発信する番組「ナカシマシローの『広告費ゼロでマスコミに出よう！』」をスタート。（毎週火曜日の22時～22時30分）

〈連絡先〉E-MAIL：s.nakashima2017@gmail.com
URL：nakashimapr.com

LINE公式アカウント
（お友達登録で各種特典や情報を提供）
https://lin.ee/X2ZioNJ

メールマガジンの登録
（プレスリリースのノウハウを情報提供）
https://resast.jp/subscribe/132866/1580486